세상에서 가장 멋진
우주 박물관

카미니, 비카스, 사친에게 – 라만 프린자

메리에게 – 크리스 워멜

현서, 현호, 현비에게 – 옮긴이

우주에 관한
세상의 모든 지식

세상에서 가장 멋진
우주 박물관

라만 프린자 글 | 크리스 워멜 그림 | 당연증 옮김

베틀·북
BETTER BOOKS

들어가는 말

우리가 서 있는 땅 위 100km부터 가장 먼 곳까지를 우주라고 해요. 그곳은 공기도 없고 소리도 없지요. 까마득한 옛날부터 인류는 우주를 동경해 왔지만 너무 멀리 있어 알 수 없었어요. 최근에 와서야 비로소 우주의 수많은 궁금증 가운데 일부가 풀리기 시작했어요.

어두운 밤하늘에 떠 있는 수많은 별을 바라보면 그곳에 무엇이 있을까 하는 호기심이 생겨요. 이 호기심 덕분에 인류는 수천 년 동안 별과 행성의 퍼즐을 맞춰 왔어요. 특히 지난 세기에는 우주 탐사를 통해 많은 발전이 이루어졌어요. 태양계의 모든 행성에 우주 탐사선을 보냈고, 달에 인간의 발길이 처음으로 닿았어요. 우주의 시작이 커다란 폭발이었다는 것도 알게 되었지요. 멈추지 않는 인간의 호기심과 발전하는 과학 기술 덕분에 시간이 지날수록 우주에 관한 우리의 지식도 늘어나고 있어요.

지금도 세계 여러 나라에서 흥미진진한 우주 탐사가 이루어지고 있어요. 또한 계속 발전하는 망원경 덕분에 이전보다 더 먼 곳에서 새로운 것들을 발견할 거예요. 이는 아직까지 답을 내리지 못한 우주에 관한 질문을 해결할 실마리가 될 거예요. 우주에 생명체가 살고 있을까요? 우주 너머에 다른 우주는 없을까요? 블랙홀 안쪽은 어떤 모습일까요? 앞으로 천문학자들이 밝혀낼 우주가 어떤 모습일지 알 수 없지만, 지금까지 전혀 몰랐던 새로운 지식의 장이 열릴 거라는 것은 의심할 여지가 없어요.

자, 그럼 우주를 향한 위대한 여정을 함께 시작할까요? 바로 여기, 이 박물관에 용기 있는 한 걸음을 내딛어 보세요!

라만 프린자 박사 (천체물리학자, 런던 대학교)

1
입구
우주 박물관에 오신 것을 환영합니다! 1
우주 속 지구 5

7
제1전시실
우주를 들여다보는
망원경
전자기파와 빛 8 | 망원경 10 | 오늘날의 천문대 12 | 우주 망원경 14

17
제2전시실
여덟 개의 행성이 공전하는
태양계
태양계 18 | 수성 20 | 금성 22 | 지구 24 | 달 26
화성 28 | 목성 30 | 토성 32 | 천왕성 34 | 해왕성 36
왜소행성 38 | 혜성과 소행성 40 | 외계 행성 42

45
제3전시실
스스로 빛을 내는
태양
태양 46 | 태양과 지구의 관계 48 | 태양의 죽음 50

53
제4전시실
수많은 별이 빛나는
밤하늘
밤하늘 54 | 북반구 별자리 56 | 남반구 별자리 58

61
제5전시실
반짝반짝 빛나는
별
별의 종류 62 | 별의 탄생 64 | 별의 일생 66
별의 죽음 68 | 블랙홀 70

73
제6전시실
아름다운 별들이 강물처럼 모여 있는
은하
은하의 종류 74 | 우리은하 76
은하의 충돌 78 | 은하단 80

83
제7전시실
모든 것을 품고 있는
우주
우주 84 | 빅뱅 86 | 달아나는 우주 88
우주의 종말 90

93
자료실
찾아보기 94
우주 박물관의 큐레이터들 96

입구

우주 박물관에
오신 것을 환영합니다!

이 우주 박물관은 여러분을 지구 너머 우주로 안내할 거예요. 태양계와 우리은하를 지나 가장 먼 은하까지, 지금껏 누구도 가 본 적이 없는 곳으로 떠나게 될 거예요. 또한 너무 크고 넓어 어떤 박물관에서도 볼 수 없었던 많은 것을 만날 수 있을 거예요.

우주의 여러 모습이 펼쳐져 있는 전시실을 거닐어 보세요. 우리 별 지구에서 시작해 점차 지구로부터 멀어지다가 마침내 우주의 끝에 다다를 거예요. 공간과 시간을 이해하는 데 도움을 주는 여러 전시물도 살펴보세요. 우주 박물관이 아니라면 경험해 볼 수 없는 것들이에요.

전시실은 천문학의 역사를 볼 수 있는 전시물로 시작해요. 망원경의 역사를 통해 우주로부터 호기심을 채우기 위해 인류가 기울인 노력들을 엿볼 수 있어요. 먼지 속에서 별들이 태어났다가 마침내 폭발하면서 생을 마치는 장면도 볼 수 있고, 섬뜩한 블랙홀 가운데도 통과하게 될 거예요. 마지막 전시실에서는 상상할 수 있는 가장 큰 공간을 만날 거예요. 마치 거대한 거미줄처럼 우주에 뻗어 있는 이 거대한 공간은 별과 은하보다도 훨씬 커요.

전시실 곳곳에서는 별과 은하뿐만 아니라 신비로운 암흑 물질과 암흑 에너지도 만날 수 있어요. 우주 박물관에 발을 내딛는 순간, 놀랍고 신기한 우주의 장면을 수없이 만나는 여행이 시작되는 거예요.

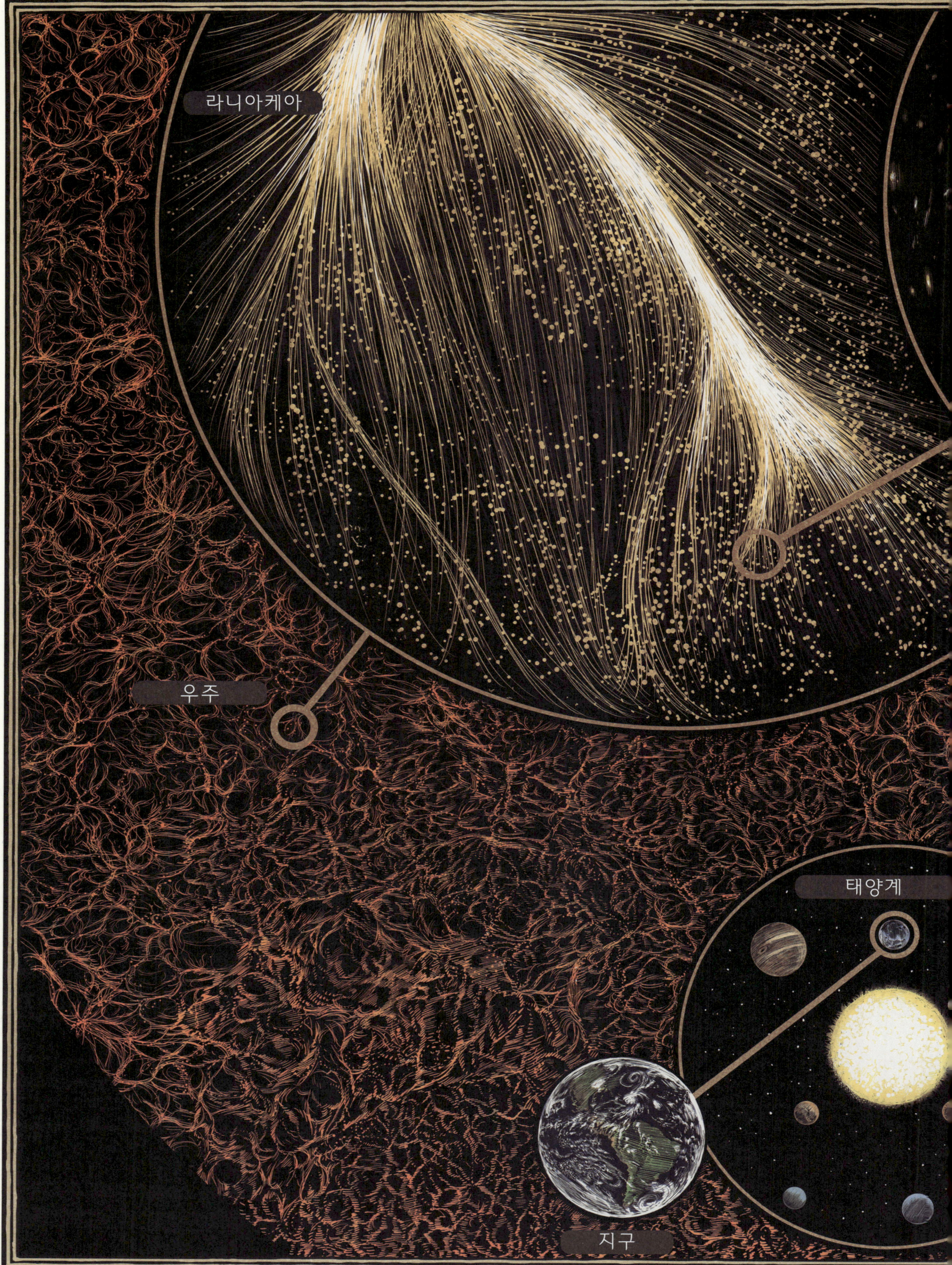

우주 속 지구

우주는 상상하기조차 힘들 만큼 넓고, 가장 작은 원자부터 거대한 은하까지 모든 것을 품고 있어요. 우리가 아는 모든 물질을 품고 있지만 너무 넓어 대부분 텅 빈 것처럼 보여요.

우리 별 지구는 태양계에 속한 여러 행성 가운데 하나예요. 태양계 중심에 있는 태양은 우리은하에 있는 2천억 개의 별들 가운데 하나지요. 우리은하는 국부은하군이라고 부르는 은하 집단에 속한 50여 개의 은하 가운데 하나이고, 또다시 국부은하군은 다른 은하단과 함께 처녀자리 초은하단에 속해요. 처녀자리 초은하단은 그보다 더 큰 라니아케아 초은하단의 일부예요. 라니아케아 초은하단에는 10경 개의 별이 있어요. 이를 떠올리면서 우리가 사는 지구의 주소를 적어 본다면 '라니아케아 초은하단, 처녀자리 초은하단, 국부은하군, 우리은하, 태양계, 지구' 정도가 될 거예요.

우리가 사는 지구가 우주의 어디쯤 있는지 안다고 해도, 여전히 우주의 크기를 알기는 어려워요. 그만큼 넓어 우리가 거리를 잴 때 사용하는 킬로미터나 마일 같은 단위는 전혀 쓸모가 없지요. 대신에 천문학자들은 빛이 일 년 동안 날아가는 거리를 뜻하는 '광년'이라는 단위를 써요. 빛은 일 초에 30만 km를 날아갈 수 있는데, 이는 지구를 일곱 바퀴 반 정도를 돌 수 있는 속도예요. 이 속도로 일 년 동안 날아간다면 대략 9.5조 km가 될 거예요.

태양부터 해왕성까지의 거리는 0.0005광년이에요. 빛이 태양에서 해왕성까지 가는 데 지구 시간으로 4.38시간이 걸린다는 뜻이에요. 우리은하의 폭은 10만 광년이에요. 빛의 속도로 움직인다고 해도 우리은하를 벗어나려면 10만 년이 걸리는 셈이에요. 우주에는 우리은하처럼 커다란 은하가 대략 10조 개나 있다고 해요. 대체 우주는 얼마나 넓은 걸까요?

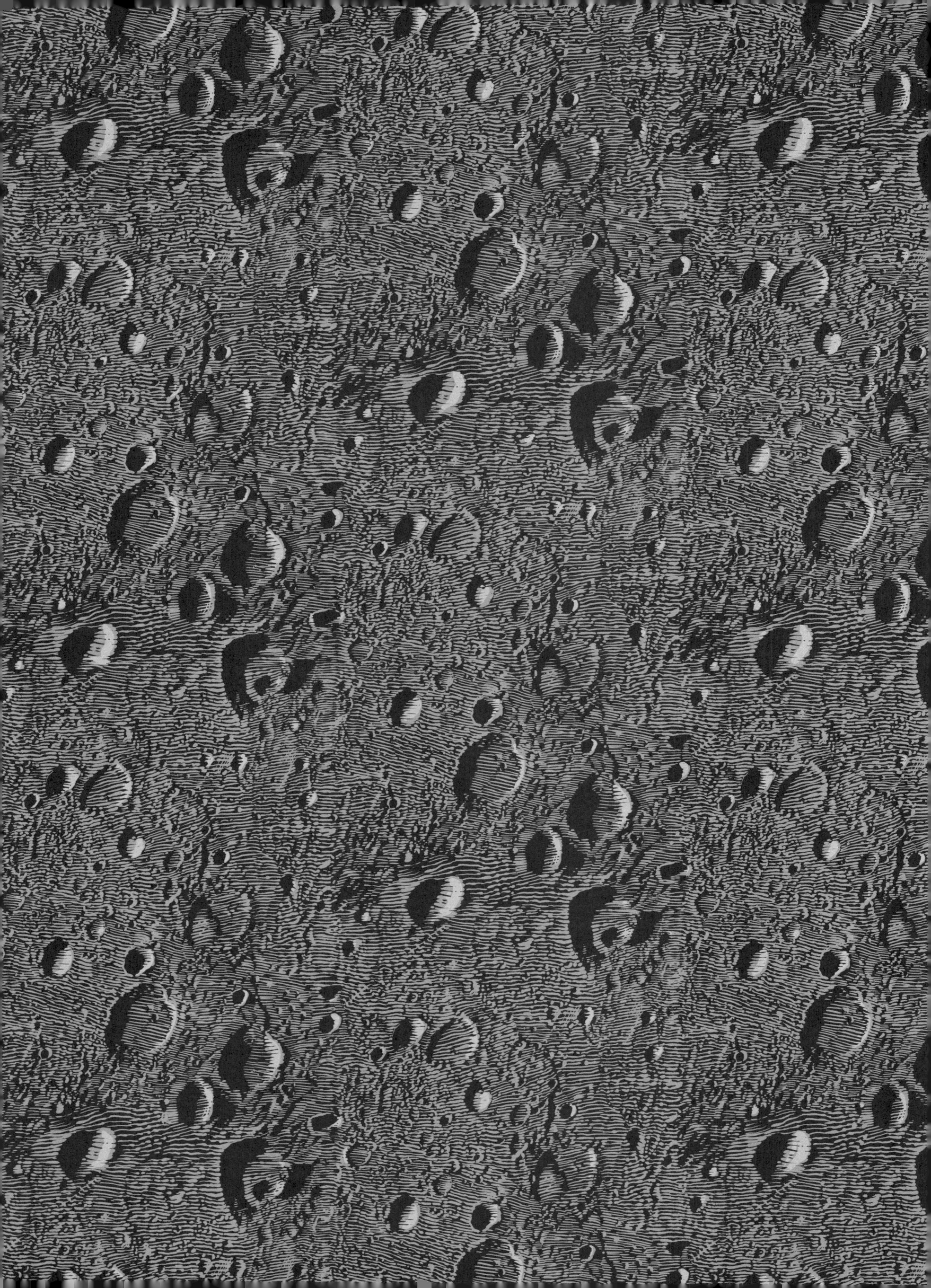

제 1 전시실

우주를 들여다보는
망원경

전자기파와 빛

망원경

오늘날의 천문대

우주 망원경

망원경

전자기파와 빛

우주에 떠 있는 수많은 별은 너무 멀리 떨어져 있어 직접 가 볼 수 없어요. 그래서 천문학자들은 별이 내뿜는 에너지와 전자기파를 통해 별을 연구해요.

전자기파는 전기적 성질과 자기적 성질을 동시에 띤 파동을 말해요. 눈에 보이는 가시광선이나 눈에 보이지 않는 감마선, X선, 자외선, 적외선, 마이크로파, 라디오파 등을 전자기파라고 부르지요. 이들은 전자기스펙트럼이라고 부르는 다양한 파장의 파동이 뭉친 형태로 우주를 여행해요. 지금도 우주에서는 다양한 파동의 전자기파가 내뿜어지고 있어요. 종류에 따라 파장의 길이도 다르고 사용되는 범위도 달라요. 보통 감마선은 두 별이 충돌할 때 내뿜어지고, X선은 별이 폭발할 때, 적외선은 우주에서 가장 차가운 천체에서도 내뿜어지지요.

우리가 볼 수 있는 빛, 즉 가시광선도 여러 파장을 가진 파동들의 집합이에요. 각 파동은 공기 중의 물방울이 태양빛을 흩트릴 때 하늘에 나타나는 무지개를 통해 구분할 수 있어요. 우리가 흔히 빨간색, 주황색, 노란색, 초록색, 파란색, 남색, 보라색으로 나뉜다고 생각하는 무지갯빛은 빛이 유리 프리즘을 통과할 때도 볼 수 있어요. 천문학자들은 이처럼 분광 기술, 즉 빛을 나누는 기술로 별들로부터 오는 빛을 연구해 불타는 가스 덩어리인 별의 화학적 구성과 속도, 온도 등을 알아내요.

―― 그림 설명 ――

1. 전자기스펙트럼
a) 감마선
b) X선
c) 자외선
d) 가시광선
e) 적외선
f) 마이크로파
g) 라디오파

전자기파는 파장(파동 사이의 거리)과 진동수(일정 시간 동안 반복되는 파동의 수)에 따라 구분해요. 감마선은 파장이 가장 짧지만 진동수는 가장 많고, 라디오파는 파장이 가장 길지만 진동수는 가장 적어요.

> 망 원 경

망원경

　　밤하늘을 바라보면 수천 개의 별이 마치 반짝거리는 점처럼 느껴져요. 하지만 자세히 보면 별들의 색과 밝기도 구분할 수 있어요. 마치 고대 천문학자들처럼요. 이보다 더 자세히 관찰하고 싶을 때 필요한 것이 바로 망원경이에요. 망원경은 멀리 떨어져 있는 물체를 크게 볼 수 있게 해 주는 광학 기구예요.

　　별과 은하는 매우 멀리 떨어져 있기 때문에 그것들이 내뿜는 빛 가운데 일부만 지구에 도착해요. 빛은 멀어질수록 점점 흐릿해지는데, 망원경은 이 흐릿한 빛을 모으는 역할을 해요. 망원경이 커질수록 더 많은 빛을 모아 더 밝고 또렷하게 별을 관찰할 수 있지요.

　　19세기 이전의 천문학자들은 망원경을 통해 확대된 이미지를 눈으로만 볼 수 있었어요. 그들이 본 것은 정교한 그림으로 기록했지요. 하지만 오늘날에는 거대한 망원경에 잡힌 이미지들이 컴퓨터를 통해 기록되고 분석돼요.

　　망원경은 굴절 망원경과 반사 망원경으로 나눌 수 있어요. 굴절 망원경은 렌즈를 사용해 빛을 굴절시켜요. 대물렌즈를 통해 들어온 물체의 빛은 경통을 통과한 후 접안렌즈에 다다르면 확대된 상으로 나타나요. 반사 망원경은 거울을 사용해 빛을 반사시켜요. 망원경 안에 들어온 빛은 오목거울에 모아져 반사되었다가 다시 작은 거울에 반사되면서 접안렌즈를 통해 확대된 상으로 보여요.

그림 설명

1. 갈릴레이의 20배 망원경
대물렌즈의 지름: 37mm
이 그림은 1609년 굴절 망원경을 사용하고 있는 유명한 천문학자 갈릴레오 갈릴레이를 묘사하고 있어요. 갈릴레이는 망원경을 통해 달의 여러 산맥과 구덩이를 관찰했어요. 1610년에는 목성의 네 위성을 발견하기도 했어요.

2. 허셜의 40피트 반사 망원경
반사경의 지름: 120cm
작곡가이자 천문학자였던 윌리엄 허셜은 1785년에 망원경을 만들기 시작해 1789년부터 관찰을 시작했어요. 그 당시에는 전 세계에서 가장 큰 망원경이었어요. 허셜은 이 망원경으로 달과 토성을 관찰했어요.

3. 릭 망원경
대물렌즈의 지름: 91cm
1888년 만들어질 당시에는 전 세계에서 가장 큰 굴절 망원경이었지만 오늘날에는 3번째로 큰 굴절 망원경이 되었어요. 돔 지붕은 회전할 수 있게 만들어졌고, 관찰자가 망원경에 가까이 갈 수 있도록 바닥의 높이를 올리거나 내릴 수 있어요. 제임스 릭은 세상을 떠난 후 망원경 아래에 묻혔어요.

망원경

오늘날의 천문대

17세기 천문학자들이 최초의 망원경을 사용해 달을 비롯한 지구와 가까운 행성들을 관찰한 이래로 과학 기술은 큰 발전을 이루었어요. 당시와는 비교하기 힘들 정도로 발전한 기술 덕분에 이제 우리는 태양계뿐만 아니라 우리은하 너머의 우주까지 관찰할 수 있어요. 특히 20세기부터 카메라, 탐지기, 분광기와 컴퓨터 등 관측 장비에서 커다란 발전이 있었지요. 망원경의 크기가 커진 것만으로도 중요한 의미가 있어요. 망원경의 성능은 렌즈의 크기가 가장 중요하기 때문이지요. 오늘날 일부 망원경의 렌즈는 그 지름이 10m가 넘어요. 이 정도 크기의 굴절렌즈는 너무 무겁기 때문에 오늘날 망원경들은 대부분 반사 망원경이에요. 커다란 망원경이 있는 천문대는 주로 공기가 맑고 건조한 높은 산 정상에 있어요. 덕분에 어두운 밤에 가장 또렷하게 별들을 관찰할 수 있어요.

망원경은 앞으로도 점차 크기를 키우는 방향으로 발전할 거예요. 그러면 지금까지 볼 수 없었

던 우주의 천체들을 볼 수 있게 되겠지요. 지금 유럽에서는 지름이 39m나 되는 초대형 망원경이 만들어지고 있어요. 1609년에 갈릴레이가 사용했던 망원경보다 8백만 배나 많은 빛을 모을 수 있지요. 이 망원경은 지구에 도착하는 수백만 년 혹은 수십억 년 전의 빛까지 탐지할 수 있기 때문에 이를 통해 초기 우주의 모습을 관찰할 수 있을 것으로 기대해요.

그림 설명

1. ALMA('알마' 전파망원경)
칠레의 아타카마사막에 있어요. 66개의 안테나가 라디오파를 탐지해요. 탐지기는 영하 269℃를 유지하는데, 이는 열이 신호를 흐릿하게 만들기 때문이에요.

2. 켁 망원경
하와이 마우나케아산 켁 천문대에 설치된 쌍둥이 망원경이에요. 지름이 10m인 36개의 육각형 조각으로 이루어져 있어요. 컴퓨터가 각 조각들의 움직임을 조절해 하나의 반사 유리처럼 움직이게 해요. 달에서 흔들리는 촛불의 흐릿한 빛도 탐지할 수 있어요.

3. VLT(초거대망원경)
칠레의 아타카마사막의 산에 있어요. VLT가 위치한 지역은 지구에서 가장 맑은 밤하늘을 볼 수 있는 곳이에요. 렌즈의 지름이 8.2m인 망원경이 네 개 있어요. 최대 세 개 망원경의 신호를 모아 성능을 높일 수 있어요.

망원경

우주 망원경

지구는 대기라고 불리는 기체로 둘러싸여 있어요. 대기가 있기 때문에 우리는 숨을 쉴 수 있고, 태양에서 오는 방사선으로부터 보호를 받을 수 있지요. 하지만 한편으로는 대기 때문에 우주 관찰에 방해를 받기도 해요. 또렷한 이미지를 얻기 위해서는 망원경이 대기 밖에 있는 것이 유리해요.

1950년대부터 천문학자들은 이 문제에 해답을 찾기 시작했어요. 처음에는 헬륨을 채운 큰 풍선을 달아 망원경을 하늘 높이 띄웠어요. 하지만 망원경을 원하는 위치로 이동시킬 수 없다는 문제점이 있었지요. 1960년대 후반부터 천문 위성들이 성공적으로 발사되기 시작했어요. 특히 나사는 1990년 4월부터 2003년 8월까지 우주에 네 개의 거대한 관측선을 쏘아 올려 우주 탐사의 새 시대를 열었어요. 네 망원경은 각각 전자기스펙트럼의 특정 부분을 조사하도록 설계되었어요. 콤프톤 관측선은 감마선을 관측하고, 찬드라 관측선은 X선을 관측하며, 스피처 우주 망원경은 적외선을 관측해요. 그리고 허블 우주 망원경은 처음에는 가시광선과 가시광선 근처의 자외선을 관측했고, 1997년부터는 가시광선 근처의 적외선도 관측하고 있어요. 허블 우주 망원경을 통해 셀 수 없이 많은 놀랍고 아름다운 우주 사진들을 얻을 수 있게 되었어요.

다음 세대 우주 망원경으로 현재 발사를 앞두고 있는 제임스 웹 우주 망원경이 있어요. 이 망원경은 지구에서 150만 km 떨어진 궤도를 공전할 거예요. 이 궤도는 태양계 밖에서 날아오는 적외선 관측에 매우 좋은 위치로 알려져 있어요. 적외선 관측을 통해 135억 광년보다 더 먼 우주 초기의 어둠을 밝힐 것으로 기대된답니다.

그림 설명

---

1. 제임스 웹 우주 망원경
위치: 지구 위 150만 km
발사 예정일: 2020년
이 망원경은 허블 우주 망원경보다 6배나 뛰어난 성능을 자랑해요. 천문학자들은 이 우주 망원경으로 초기 우주를 연구할 거예요.

2. 스피처 우주 망원경
위치: 지구 위 2억 2천만 km
발사일: 2003년 8월 25일
이 적외선 망원경은 액체 헬륨 탱크를 지녀 영하 272°C로 유지할 수 있어요.

3. 허블 우주 망원경
위치: 지구 위 550km
발사일: 1990년 4월 24일
이 망원경을 점검하고 보수하기 위해 우주 비행사들이 우주 왕복선을 타고 여러 번 방문했어요. 가장 큰 망원경은 인간의 눈보다 4만 배 많은 빛을 모을 수 있어요.

4. 페르미 감마선 우주 망원경
위치: 지구 위 550km
발사일: 2008년 6월 11일
이 감마선 우주 망원경은 우주에서 내부 에너지가 가장 강한 천체를 탐지해요. 감마선은 블랙홀이나 폭발하는 별과 같은 불가사의한 물체로부터 내뿜어져요. 낮은 궤도에 있어 95분마다 지구를 한 바퀴 돌아요.

5. 찬드라 X선 관측선
위치: 지구 위 최대 13만 9,000km
발사일: 1999년 7월 23일
달까지 거리의 3분의 1쯤에 있으며, 폭발한 별이나 은하단 같은 뜨거운 물체가 내뿜는 X선을 탐지해요.

제 2 전 시 실

여덟 개의 행성이 공전하는
태양계

태양계 | 수성 | 금성

지구 | 달

화성 | 목성 | 토성

천왕성 | 해왕성

왜소행성 | 혜성과 소행성 | 외계 행성

태양계

태양계는 태양과 그 주위를 공전하는 8개의 행성, 180개가 넘는 위성, 그리고 수백만 개의 작은 천체들로 이루어져 있어요. 태양은 태양계 질량의 99%를 차지할 정도로 큰데, 이것은 태양이 가장 강력한 중력을 가지고 있다는 것을 의미해요. 중력 덕분에 마치 지구의 중력이 사과를 땅으로 떨어뜨리듯 태양 주변의 행성들을 잡아당기지요. 다행히 행성의 공전으로 인해 발생하는 힘이 태양의 중력과 균형을 이루어 행성이 태양으로 끌려가진 않아요. 마치 끈에 달린 공이 빙빙 돌면서 떨어지지 않는 것처럼, 태양을 중심으로 크고 작은 행성과 돌덩어리들이 정해진 궤도를 따라 공전하지요.

태양계에서 태양 다음으로 큰 물체가 행성이에요. 태양과 가까운 안쪽의 네 행성인 수성, 금성, 지구, 화성은 딱딱한 암석으로 이루어진 '지구형 행성'이라고 해요. 또한 화성을 지나면 기체로 이루어진 목성, 토성, 천왕성, 해왕성을 만날 수 있는데, 이들을 '목성형 행성'이라고 하지요. 이들은 질량이 지구의 15~300배나 되는 거대 행성으로 고체 표면이 없으며, 구름층에 겹겹이 싸여 있어요.

태양계는 46억 년 전 가스와 먼지 구름이 중력으로 뭉쳐지면서 생겨났어요. 수억 년에 걸친 뭉침은 가스와 먼지의 회전을 가속시켜 태양계가 평평한 원반처럼 되었어요. 엄청난 양의 압축된 물질이 원반의 중심에 모여 태양이 되었고, 남은 물질들은 각각 무리 지어 행성과 위성이 되었지요.

선사 시대부터 사람들은 태양과 행성들에 마음을 빼앗겼어요. 요즘은 탐사선들이 행성에 관한 다양한 자료를 보내와요. 명왕성에서는 얼음 화산이, 해왕성에서는 다이아몬드 우박이 목격되는 등 새로운 발견도 이루어지고 있어요.

그림 설명

1. 태양

2. 수성
태양으로부터의 거리: 0.4AU
공전 주기: 88일

3. 금성
태양으로부터의 거리: 0.7AU
공전 주기: 224.7일

4. 지구
태양으로부터의 거리: 1.0AU
공전 주기: 365일

5. 화성
태양으로부터의 거리: 1.5AU
공전 주기: 1.8년

6. 목성
태양으로부터의 거리: 5.2AU
공전 주기: 11.9년

7. 토성
태양으로부터의 거리: 9.6AU
공전 주기: 29.4년

8. 천왕성
태양으로부터의 거리: 19.2AU
공전 주기: 84.1년

9. 해왕성
태양으로부터의 거리: 30.1AU
공전 주기: 164.8년

*1AU는 태양과 지구 사이의 거리를 말함.

> 태양계

수성

    수성은 암석으로 이루어진 뜨거운 행성으로 지구의 3분의 1 크기예요. 태양계에서 가장 작은 행성이며, 시속 17만 500km의 속도로 빠르게 움직이는 가장 빠른 행성이기도 해요. 태양에서 가장 가까운 행성이기 때문에, 수성에서 태양을 바라본다면 지구에서 보는 것보다 세 배쯤 크게 보일 거예요. 태양 가까이 있다는 것은 지구에서 수성을 관찰하기가 매우 어렵다는 것을 의미해요. 아주 드물게 수성이 태양 위를 지나갈 때 작고 어두운 점 형태로만 관찰할 수 있어요.

    수성의 지표면은 지구의 위성인 달과 많이 닮았어요. 넓은 평원은 고대의 용암이 흘러 만들어졌으며, 수많은 구덩이는 외부에서 날아온 유성과 혜성의 충돌로 생겼어요. 지표면 위로 매우 얇은 대기가 있어요. 이 대기는 행성을 지나가는 태양풍(태양으로부터 방출되는 전하를 띤 가스의 흐름)에서 떨어져 나온 수소와 헬륨 가스, 행성 표면으로부터 증발된 원자들이 합쳐져 만들어진 거예요. 이렇게 만들어진 대기층은 우주 공간으로 빠져나가요. 수성은 이글대는 태양과 매우 가깝고 열을 지킬 만한 대기가 없기 때문에 자전할 때 극단적인 더위와 추위를 동시에 경험하게 돼요. 낮에는 340℃까지 치솟았던 온도가 밤이 되면 영하 180℃까지 떨어져요.

    2011년부터 2015년까지 활동했던 메신저 탐사선은 수성의 북극에 얼음 지역이 있다는 사실을 발견했어요. 태양의 열을 차단하는 깊은 구덩이들이 있기 때문이에요. 천문학자들은 이 얼음이 태양계 초기에 얼음 혜성으로부터 왔다고 추측하고 있어요.

그림 설명

1. 수성
지름: 4,879km
공전 주기: 88일
자전 주기: 1,407.6시간
알려진 위성: 없음

수성의 영어 이름인 머큐리는 로마 신화에 나오는 전령의 신 메르쿠리우스(그리스 신화의 헤르메스)의 이름에서 따왔어요. 기원전 14세기에 아시리아의 천문학자에 의해 최초로 기록되었지요. 수성의 넓고 평평한 평원은 고대의 화산 활동에 의해 만들어진 거예요.

2. 내부 단면
a) 핵
b) 맨틀
c) 지각

수성의 핵은 반지름의 4분의 3을 차지하며 철과 니켈로 이루어졌어요. 메신저 탐사선으로부터 얻은 최신 정보를 분석해 보면 수성에는 약한 자기장이 만들어진다고 해요. 핵 위로 500km 두께의 맨틀이 있고, 그 위를 얇은 지각이 덮고 있어요.

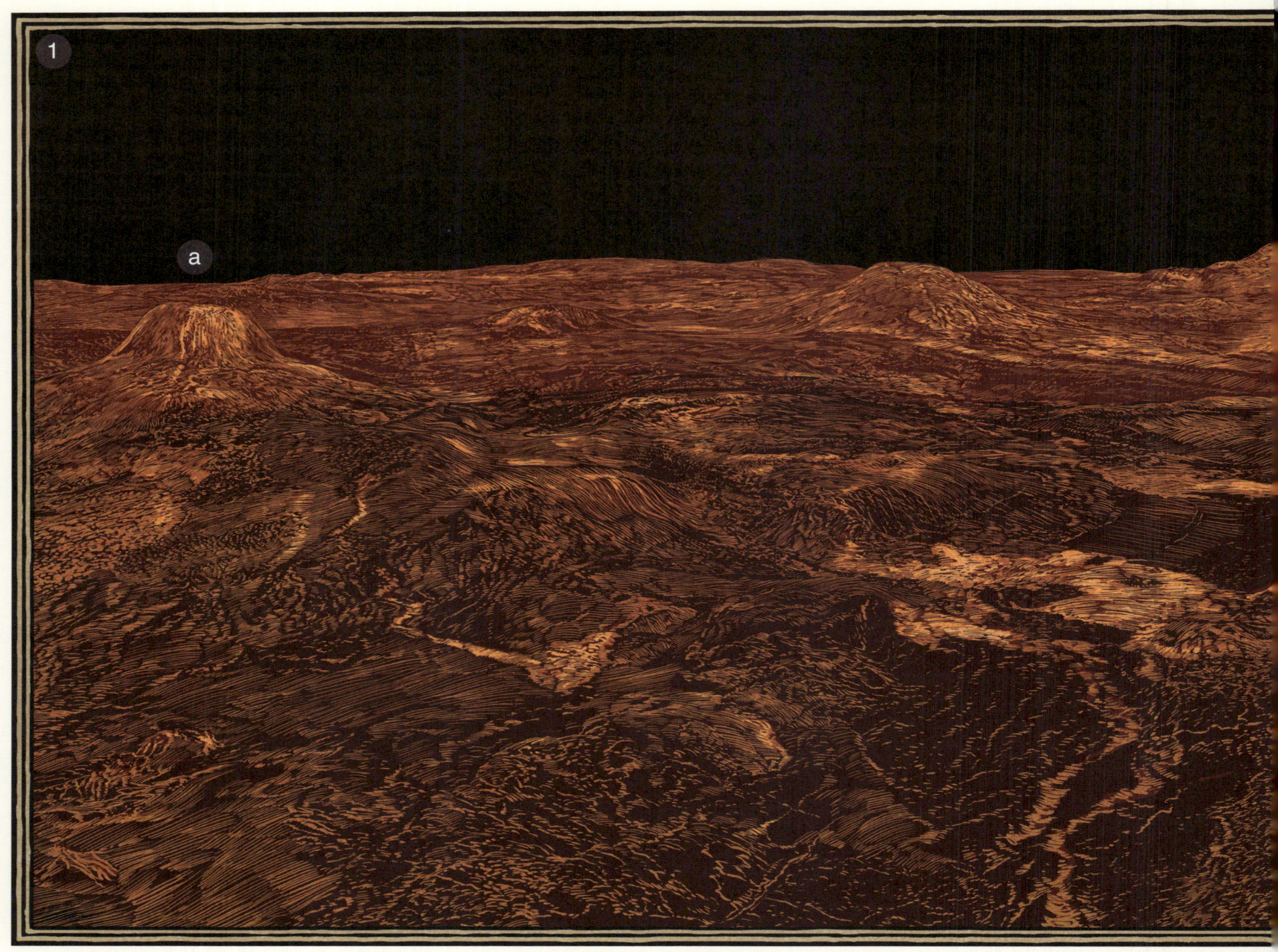

태양계

금성

금성은 크기, 밀도, 내부 구조가 지구와 비슷해 지구의 자매 행성이라고 불려요. 하지만 금성은 지구와 달리 구름으로 뒤덮인 아주 척박한 환경이며, 대기가 두꺼워 표면의 기압이 지구의 90배나 돼요. 또한 지구와 달리 대기가 이산화탄소로 이루어져 있어 사람이 숨을 쉴 수가 없어요. 내부 온도 또한 사람이 살 수 없을 정도로 높아요.

금성은 밤하늘에서 달 다음으로 밝게 빛나요. 하지만 두꺼운 구름으로 뒤덮여 있기 때문에 망원경으로도 표면을 관찰할 수 없어요. 우주 탐사선 덕분에 대기의 두께는 약 80km 정도이며, 97%가 유독한 이산화탄소로 이루어져 있음을 알게 되었어요. 이산화탄소로 이루어진 이 두꺼운 층은 태양에서 전해진 열을 가두는 온실 역할을 해요. 그래서 내부 온도는 쇠를 녹여 버릴 정도로 높아요. 대기 안에서는 초당 20번의 번개가 치면서 황산 비가 쏟아지기도 해요.

천문학자들은 우주 탐사선을 통해 금성 표면의 모습을 알게 되었어요. 우주 탐사선에서

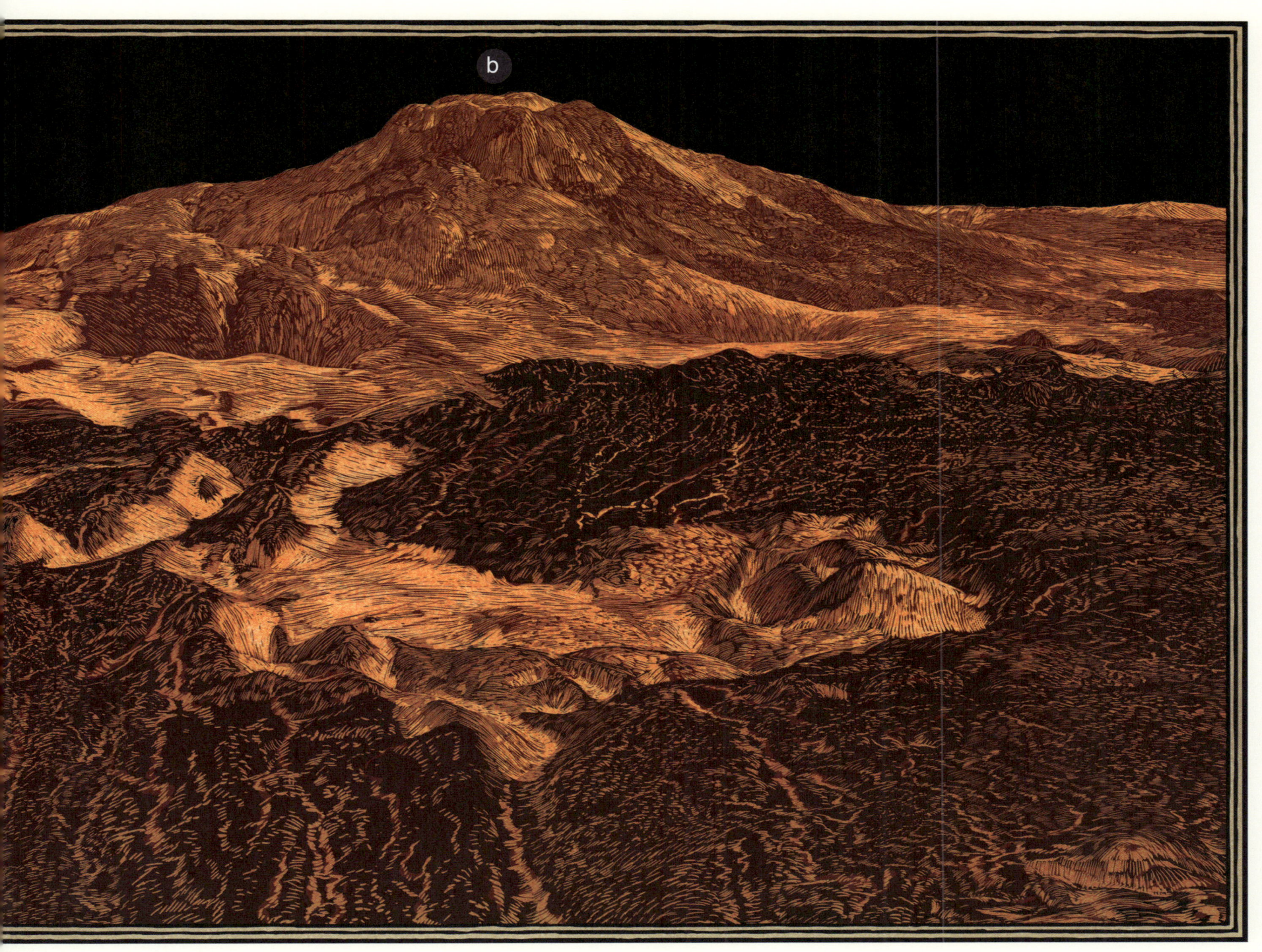

보낸 신호가 금성의 지표면에 부딪혀 튕겨 나오면, 그 신호를 바탕으로 3차원 지도를 제작했지요. 지금까지 모인 자료로 보아 금성의 지표면에는 휴화산, 모래 언덕, 용암 평원과 험준한 산악 지대가 있어요. 보통 다른 행성에서 발견되는 구덩이가 없는 것은 아주 오래전 활발했던 화산 활동으로 분출된 용암이 금성의 표면을 덮었기 때문이라고 추측해요.

―――――――――――――――――― 그림 설명 ――――――――――――――――――

1. 금성

지름: 1만 2,104km
공전 주기: 224.7일
자전 주기: 5832.5시간
알려진 위성: 없음

금성의 영어 이름인 비너스는 로마 신화에 나오는 사랑과 아름다움의 여신 베누스(그리스 신화의 아프로디테)의 이름에서 유래한 거예요. 금성은 기원전 17세기에 바빌로니아의 천문학자들에 의해 처음 기록되었어요.

a) 금성의 표면

금성의 지표면에는 거대한 죽은화산들이 있어요. 수십억 년 전 뜨거운 용암이 분출해 땅 위를 흐를 때 만들어진 방패 모양 화산이지요. 화산의 높이는 수 킬로미터 정도이고 그 폭은 수백 킬로미터에 달해요. 금성에는 태양계의 행성 중 가장 많은 1,600개 이상의 죽은화산이 있어요.

b) 마트몬스

고대 이집트 신화에 나오는 정의의 여신 이름을 딴 화산으로 금성에 있는 화산 가운데 두 번째로 높아요. 높이는 8km, 바닥 지름은 395km에 달해요. 고대 용암으로 뒤덮여 있으며, 부드럽고 경사진 표면 덕분에 레이더 이미지에서 밝은색으로 보여요. 천문학자들은 이 용암이 비교적 최근인 천만 년 전에 흘렀을 것으로 추측해요.

> 태양계

지구

지구는 태양계에서 유일하게 생명체가 사는 곳으로 알려져 있어요. 처음 지구가 생기기 시작했을 때는 흐물흐물한 암석 덩어리였지만, 지금은 깊은 바다, 우거진 숲과 사막을 갖춘, 수많은 생명체가 함께 사는 다채로운 행성이 되었어요. 표면의 3분의 2를 덮고 있는 풍부한 양의 물, 산소 농도가 높은 대기층은 태양계에서 오직 지구만 가진 특징이에요.

지구의 대기는 우리가 숨 쉴 수 있는 산소를 지녔을 뿐만 아니라 태양에서 날아오는 방사선으로부터 우리를 보호하고, 유성 같은 우주 잔해들로부터 우리를 지켜 주는 방패 역할을 해요. 지구의 대기는 다섯 개의 층으로 구분해요. 수증기가 있으며 모든 기상 현상이 일어나는 대류권, 오존층이 있는 성층권, 지구로 다가오는 유성이 불타는 중간권, 국제 우주 정거장이 궤도를 따라 움직이는 열권, 그리고 매우 얇으며 외부 우주와 합쳐지는 외기권으로 나누어져요.

지구의 내부도 대기와 마찬가지로 여러 층으로 나뉘는데, 이는 지진 발생 후 나타나는 충격파의 연구를 통해 알 수 있어요. 지구의 가장 안쪽에는 니켈과 철로 이루어진 공 모양의 핵이 있어요. 핵은 태양 표면만큼 뜨거운데, 핵의 바깥 부분에는 녹아 내린 철의 소용돌이가 지구 자기장을 만들어 내요. 핵은 맨틀이라는 두꺼운 암석층이 둘러싸고 있어요. 맨틀 역시 매우 뜨거워 액체처럼 흐르기도 해요. 맨틀 위는 딱딱한 지각이 둘러싸고 있어요. 지각은 핵과 맨틀에 비해 매우 얇은데, 지구를 축구공이라고 했을 때 지각은 축구공에 붙어 있는 우표의 두께 정도예요.

지각과 맨틀 일부분이 모여 거대한 지질 구조판이 만들어져요. 이 판들은 맨틀의 녹아 있는 부분 위로 움직여요. 그 속도는 일 년에 수 센티미터 정도로 손톱이 자라는 속도와 비슷해요. 하지만 거대한 이 판들이 느리지만 끊임없이 움직이기 때문에 화산 폭발, 사나운 지진과 산맥 형성 등 모든 지질 활동이 일어나는 거예요.

---------- *그림 설명* ----------

1. 지구
지름: 1만 2,756km
공전 주기: 365일
자전 주기: 23.9시간
알려진 위성: 1개

우주에서 바라본 지구는 종종 푸른 구슬처럼 보여요. 푸른 하늘이 물로 가득한 표면에 반사되기 때문이에요. 지구 표면의 71% 정도가 물로 덮여 있는데, 이중 3.5%가 강, 호수, 빙하 등 민물이고 나머지는 모두 바닷물이에요. 천문학자들은 이 물이 수십억 년 전에 태양계 외곽에서 날아온 얼음 혜성과 유성으로부터 온 것이라고 믿고 있어요.

> 태양계

달

 달은 화성만 한 크기의 거대한 충돌체가 지구와 부딪쳐 생겨났다고 추측해요. 충돌로 생겨난 잔해들이 자체 중력 때문에 천천히 뭉쳐 달이 되었고, 지구의 중력 때문에 지구 주위를 공전하게 되었다고 보는 거예요. 지구와 달의 구성 성분은 매우 비슷해요. 지구의 크기를 농구공이라고 한다면, 달은 테니스 공만 하며 7.4미터 정도 떨어져 있어요.

 달이 지구를 한 바퀴 도는 데 걸리는 시간은 약 27일이며 자전 주기도 이와 같아요. 그래서 우리는 달의 같은 면만 볼 수 있어요. 달이 빛나 보이는 것은 달이 태양빛을 반사하기 때문이에요. 지구에서 보면 빛이 반사된 부분이 점점 변하는데, 이를 '달의 위상 변화'라고 해요.

 달 표면은 미세한 모래로 덮여 있으며, 구덩이, 죽은화산, 용암으로 뒤덮인 넓은 평원들이 흩어져 있어요. 용암으로 뒤덮인 평원을 '달의 바다'라고 불러요. 지구에서 보면 산맥 등 높은 지역은 밝게 보이는 데 비해 바다 지역은 그림자가 진 것처럼 어둡게 보여요. 달에는 태양풍을 막거나 밤에 열을 잡아 둘 대기가 없기 때문에 낮과 밤의 일교차가 매우 커요. 낮의 평균 기온은 106℃ 정도이고 밤의 평균 기온은 영하 183℃ 정도예요.

 달은 인간이 발을 디딘 유일한 우주 천체예요. 1969년 7월에 닐 암스트롱과 버즈 올드린이 처음 방문했고, 1972년 12월에 유진 서난과 해리슨 슈미트가 마지막으로 방문했어요. 보통 사람들에게 먼지로 뒤덮인 땅에서 칠흑 같은 하늘과 푸른 지구를 바라보는 것은 그저 상상에서나 가능할 뿐이에요.

그림 설명

1. 달의 저편
지구에서 볼 수 없는 곳으로 구멍이 숭숭 뚫려 있어요. 수십억 년 전 달의 화산 활동이 활발했을 때 용암이 주로 지구를 향한 쪽에서 분출되었기 때문에 지구와 가까운 쪽 지각은 상대적으로 얇고 평탄한 지형이 되었고, 반대쪽은 두꺼우며 구덩이가 모인 형태가 되었지요.

2. 달의 위상
지구에서 보이는 달의 모양은 궤도 위치에 따라 계속해서 변해요. 이를 달의 위상 변화라고 해요. 위상의 처음을 삭이라고 하는데, 이때는 달이 보이지 않아요. 그림에서 달이 변하는 모양은 남반구에서 본 것을 나타낸 거예요. 우리가 사는 북반구에서는 이와 반대되는 모양으로 변해요.

a) 초승달
b) 상현달
c) 볼록달
d) 보름달
e) 볼록달
f) 하현달
g) 그믐달

달의 위상 변화 주기는 평균 29.5일이에요.

| 태 양 계 |

화성

    화성은 맨눈으로도 붉게 보이기 때문에 붉은 행성으로 유명해요. 화성이라는 이름 역시 고대 중국의 천문학자가 화성의 붉은색이 마치 불타는 것처럼 보여 붙인 이름이에요. 서양에서는 붉은 빛이 잔혹한 전쟁을 생각나게 한다고 해서 로마 신화 속 전쟁의 신 마르스(그리스 신화의 아레스)의 이름을 따서 불러요. 화성이 붉은 색깔을 띠는 이유는 지표면에 산화철이 많기 때문이에요. 산화철은 산소 원자와 철 원자가 하나씩 결합해 만들어지는데, 우리 몸을 흐르는 피나 녹슨 쇠가 붉게 보이는 것도 이 성분 때문이에요.

    지구형 행성 대부분은 무거운 철로 이루어진 핵이 있어요. 처음 행성이 만들어질 때 중력 때문에 철같이 무거운 물질이 가라앉았기 때문이에요. 하지만 화성은 다른 지구형 행성들과는 다르게 질량이 적어 중력이 약하기 때문에 지표면에 철이 많이 남아 있어요. 이 철들이 산소와 결합해 붉은색의 미세 먼지가 되기 때문에, 오늘날 화성이 붉게 보이는 거예요.

    화성의 지표면은 수십억 년 동안 화산 폭발, 유성 충돌과 강한 바람이 만들어 낸 길게 뻗은 모래 언덕, 구멍이 숭숭 나 있는 것 같은 구덩이와 거대한 계곡 등이 장관을 이루지요. 높이

가 21km에 이르는 죽은화산 올림푸스몬스는 태양계에서 가장 높은 산이에요. 지구에서 가장 높은 에베레스트산보다 세 배나 높지요. 폭이 수천 킬로미터에 달하는 강력한 먼지 폭풍도 유명한데, 폭풍이 가장 강한 때에는 행성 전체를 뒤덮기도 해요.

　오늘날의 화성은 먼지로 뒤덮인 건조한 행성이지만, 과거에는 행성 표면에 물이 흘렀을 것으로 추측해요. 물이 흐를 때 생기는 수로와 계곡의 흔적이 남아 있기 때문이에요. 물은 이미 오래전에 증발해 버렸지만 물이 있던 과거에 간단한 구조의 생명체가 살았을 가능성은 남아 있어요. 오늘날에도 지표면 아래에는 물이 남아 있을 것으로 짐작돼요. 극지방은 두꺼운 얼음으로 덮여 있어요.

그림 설명

1. 화성
지름: 6,792km
공전 주기: 1.8년
자전 주기: 24.6시간
알려진 위성: 2개
화성의 영어 이름 마르스는 로마 신화 속 전쟁의 신 이름에서 유래했어요.
화성 주변을 도는 두 개의 위성 이름은 마르스의 두 아들 포보스와 데이모스의 이름에서 따왔지요.

a) 포보스
이 위성은 화성의 표면에서 5,800km 위의 궤도를 돌고 있어요. 천문학자들은 포보스가 약 7백만 년이 지난 후 화성의 중력 때문에 파괴될 거라고 추측해요.

b) 데이모스
화성의 작은 위성으로 소행성처럼 불규칙한 모양을 하고 있어요. 시간이 지날수록 공전 궤도가 화성에서 멀어지고 있으며, 언젠가 우주로 떨어져 나갈 거예요.

태양계

목성

목성은 태양계에서 가장 큰 행성으로, 지구 크기의 1,300배나 돼요. 크기와 구성 성분 때문에 거대 기체 행성으로 분류돼요. 소용돌이 치는 대기로 가득 찬 반면 서 있을 수 있는 딱딱한 지표면이 없지요. 접근이 불가능한 중심에는 얼음, 암석, 금속으로 이루어진 고체 핵이 액체 수소로 둘러싸여 있어요. 중심에서 멀어질수록 온도가 높아지고 압력이 줄어들어 기체로 변하기 때문에 수소와 헬륨으로 된 두꺼운 대기가 만들어지지요. 대기의 가장 바깥층에서는 암모니아와 황이 붉은색, 노란색, 흰색의 소용돌이무늬를 만들어 내는데, 목성의 빠른 자전 때문에 적도를 중심으로 긴 줄무늬가 만들어져요. 여러 줄무늬 중 어두운 줄을 띠라고 하고 밝은 줄을 대라고 해요. 목성의 대기에서도 지구의 태풍 같은 타원형의 폭풍이 발생하는데, 가장 유명한 것이 대적점이에요. 300년 이상 유지되고 있는 대적점의 폭은 지구보다 1.3배 커요.

목성 주위에는 모양과 크기가 제각각인 67개의 위성이 있어요. 가장 큰 네 위성의 이름은 가니메데, 칼리스토, 이오, 유로파예요. 이 위성들은 1610년 갈릴레오 갈릴레이가 발견했기 때문에 갈릴레이 위성이라고도 불러요. 가니메데는 태양계에서 가장 큰 위성이에요. 칼리스토는 지금까지 발견된 천체 중 구덩이가 가장 많고, 이오는 활화산들로 뒤덮여 있어요. 유로파의 표면을 덮은 얼음 밑에는 지구의 모든 바다를 합친 양보다 두 배 정도 많은 바다가 숨어 있을 것으로 추측해요.

지금까지 9개의 탐사선이 목성에 관한 자료를 지구로 보내왔어요. 이를 통해 목성의 자기장은 지구보다 2만 배나 강하며, 목성 주위에도 희미한 고리 무리가 있음을 알게 되었지요.

그림 설명
---

1. 목성
지름: 14만 2,984km
공전 주기: 11.9년
자전 주기: 9.9시간
알려진 위성: 67개
목성의 영어 이름 주피터는 로마 신화 속 신들의 왕 유피테르(그리스 신화의 제우스)에서 따왔어요. 목성은 기원전 8세기에 바빌로니아의 천문학자들에 의해 처음 기록되었어요.

a) 대적점
상상하기 힘들 정도로 강력한 이 태풍은 6일에 한 번 회전해요. 폭이 1만 6,000km에 달해 지구에서도 망원경으로 볼 수 있어요.

b) 가니메데
이 거대한 위성은 금성보다 커요. 표면은 밝은 지역과 어두운 지역이 섞였고, 극지방은 얼음으로 덮여 있어요.

태양계

토성

  토성은 맨눈으로 볼 수 있는 다섯 행성 가운데 하나예요. 고대 문명에서 발견한 행성 중 가장 멀리 있어요. 밝고 거대한 고리로 둘러싸여 있어 '고리 행성'으로 유명해요.
  목성과 마찬가지로 우주에서 가장 가벼운 원소인 수소와 헬륨으로 이루어졌어요. 하지만 질량이 목성의 30% 정도에 불과해요. 태양계의 어느 행성보다도 밀도가 낮아 물에 뜰 정도예요. 토성은 다른 행성과 다르게 태양으로부터 받는 열의 두 배 가까이를 행성 밖으로 내보내요. 이 열은 토성의 상층 대기에 폭풍을 일으키는데, 적도 근처에서는 목성의 바람보다도 빠른 시속 1,800km의 바람이 불어요. 이곳에서는 30년마다 대백반이라고 부르는 큰 폭풍도 발생하는데, 암모니아 결정 때문에 흰색으로 보여 그런 이름이 붙었어요.
  토성을 둘러싼 고리는 수십억 개의 얼음이 모여 만들어졌어요. 얼음 크기는 먼지만 한 것부터 집채만 한 바위까지 다양해요. 천문학자들은 이 고리가 위성이 토성에 너무 가깝게 접근

해 토성의 강력한 중력에 의해 파괴되어 만들어졌다고 생각해요. 고리의 폭은 28만 km에 달하지만 두께는 겨우 1km에 불과해요.

토성의 위성은 지금까지 62개로 알려졌고, 대부분 바위와 얼음으로 이루어져 있어요. 그중 타이탄은 태양계에서 두 번째로 큰 위성으로서 질소로 이루어진 짙은 대기가 있어요. 외계 생명체를 찾는 천문학자들은 타이탄이 지구에서 최초의 생명체가 나타날 때의 모습과 매우 비슷하기 때문에 주의 깊게 살펴보고 있어요.

그림 설명

1. 토성
직경: 12만 536km
공전 주기: 29.4년
자전 주기: 10.7시간
알려진 위성: 62개
토성의 영어 이름 새턴은 로마 신화 속 유피테르의 아버지인 사투르누스(그리스 신화의 크로노스)에서 따왔어요. 고대 문명에서 알고 있던 행성 가운데 가장 멀리 떨어져 있어요.

a) 위에서 본 토성
토성이 공전할 때의 위치에 따라 지구에서는 다양한 모양의 고리를 볼 수 있어요. 토성의 고리가 지구 쪽으로 기울어지면 이 그림처럼 고리의 면이 보이기도 해요.

b) 옆에서 본 토성
수년이 지나면 고리들은 점점 닫히는 것처럼 가장자리만 보이다가 거의 보이지 않게 돼요. 이 변화는 토성의 자전축과 태양 주위를 공전하는 궤도 평면과의 각도 차이 때문에 생겨요.

태양계

천왕성

태양계의 외곽에 있는 물이 풍부한 이 행성은 한때 목성과 토성 같은 거대 기체 행성으로 여겨졌어요. 하지만 이 행성의 구성과 온도를 더 많이 알게 된 후 거대 얼음 행성으로 다시 분류되었어요.

천왕성은 태양계에서 가장 차가운 행성이에요. 메탄과 얼음으로 구성된 구름의 온도는 놀랍게도 영하 220℃까지 떨어져요. 목성과 토성 같은 거대 기체 행성과 다르게 천왕성의 대기에는 더 많은 메탄이 수소, 헬륨과 뒤섞여 있어요. 이 메탄이 붉은 빛을 흡수하기 때문에 푸른색으로 보여요. 겉보기에는 평화로워 보이지만 때때로 대기 위층에서 폭풍이 발생하기도 해요. 이 폭풍이 행성의 낮은 대기층에서 메탄 얼음을 끌어올리는데, 자외선 망원경으로 보면 매우 밝은 점으로 보여요.

천왕성의 자전축은 98° 정도 뒤집혀 있어요. 그래서 천왕성의 반년은 북극이 태양을 향하고 나머지 반년은 남극이 태양을 향해요. 만약 천왕성의 북극에 서 있다면 지구 기준으로 42년 동안 해가 지지 않을 거예요. 이 긴 여름이 지나면 마침내 태양이 지평선 너머로 지면서 42년 동안의 겨울이 시작될 거예요. 천문학자들은 아주 큰 물체와의 충돌 때문에 자전축이 뒤집혔다고 추측해요. 천왕성의 얇은 고리도 이 충돌 때문에 만들어졌을 수 있어요.

그림 설명

1. 천왕성
지름: 5만 1,118km
공전 주기: 84.1년
자전 주기: 17.2시간
알려진 위성: 27개
천왕성은 1781년 윌리엄 허셜이 우연히 발견했어요. 처음에는 혜성을 발견했다고 생각했지요. 천왕성의 영어 이름은 그리스 신화의 신 우라노스에서 따왔어요.

a) 띠
다른 기체 행성과 비슷하게 천왕성도 구름과 안개의 띠가 둘러싸고 있어요. 이들은 행성 바깥쪽을 시속 수백 킬로미터의 속도로 돌아요.

b) 고리
천왕성의 가장 큰 고리는 중심으로부터 약 9만 8,000km 높이에 있어요. 이 고리들은 6억 년 전 위성들이 서로 부딪힐 때 떨어진 조각들 때문에 생긴 것으로 추측해요.

c) 미란다
미란다는 천왕성의 가장 작은 위성이에요. 뒤틀리고 울퉁불퉁한 표면은 소행성 충돌이 원인이었을 거예요.

태양계

해왕성

태양계 가장 바깥쪽에 있는 행성인 해왕성은 대기에 있는 메탄 때문에 아름다운 푸른색을 띠어요. 이 짙푸른 대기는 태양계에서 가장 빠른 폭풍이 생겨나는 장소이기도 해요. 여기서 바람은 시속 2,400km까지 빨라지는데 지구에서 가장 무시무시한 바람인 5등급 허리케인보다 10배쯤 빠른 속도예요. 해왕성에는 목성의 대적점과 비슷하게 표면에 검은 점으로 나타나는 작은 폭풍들도 있어요. 이를 대흑점이라고 해요. 이웃 행성의 폭풍과는 다르게 수년 안에 사라지지요. 종종 암모니아와 얼음으로 이루어진 구름을 동반하는데 행성의 상층에서 하얀 점으로 밝게 보이기도 해요.

천문학자들은 해왕성의 대기 아래층에서 다이아몬드 비가 내릴 것이라고 추측해요. 내부에 가까울수록 기온과 압력이 증가하면서 메탄이 고체 다이아몬드로 바뀌어 행성의 중심부로 떨어진다는 거예요.

천왕성 주위에는 다섯 개의 매우 희미한 고리가 있어요. 고리는 위성과 부딪힌 물체에서 떨어져 나온 작은 입자들로 이루어져 있지요. 해왕성의 14개 위성 중에서 가장 크고 유명한 위성은 트리톤이에요. 트리톤의 표면은 대부분 암석과 얼음으로 이루어졌으며, 지형은 구덩이들과 완만한 평원이 뒤섞인 모습이에요. 지표로부터 분출된 먼지 기둥과 질소 가스 덕분에 매우 얇은 대기가 있어요. 평균 기온은 영하 235℃로, 태양계에서 지금까지 알려진 가장 차가운 천체예요.

그림 설명

1. 해왕성
지름: 4만 9,528km
공전 주기: 164.8년
자전 주기: 16.1시간
알려진 위성: 14개
1846년 9월 독일의 천문학자 요한 고트프리트 갈레에 의해 처음 발견되었어요. 해왕성의 영어 이름인 넵튠은 로마 신화 속 바다의 신 넵투누스(그리스 신화의 포세이돈)에서 유래한 거예요. 천왕성은 태양에서 먼 만큼 공전 주기도 길어 처음 발견된 이후 2011년 7월이 되어서야 첫 공전이 마무리되었어요.

a) 대흑점
크기가 지구만 한 이 거대 폭풍은 1989년 보이저 2호가 해왕성을 지나칠 때 처음 관찰되었는데, 2년 후 허블 우주 망원경으로 보았을 때는 사라지고 없었어요.

2. 내부 단면도
a) 핵
b) 맨틀
c) 대기
암석과 얼음으로 이루어진 핵의 질량은 지구보다 약간 커요. 물, 암모니아와 메탄 얼음이 뒤섞인 맨틀이 핵을 둘러싸고 있으며, 대기는 수소, 헬륨과 메탄 가스로 이루어졌어요. 우주에서 보면 대기의 상층부도 구름으로 뒤덮여 있어요.

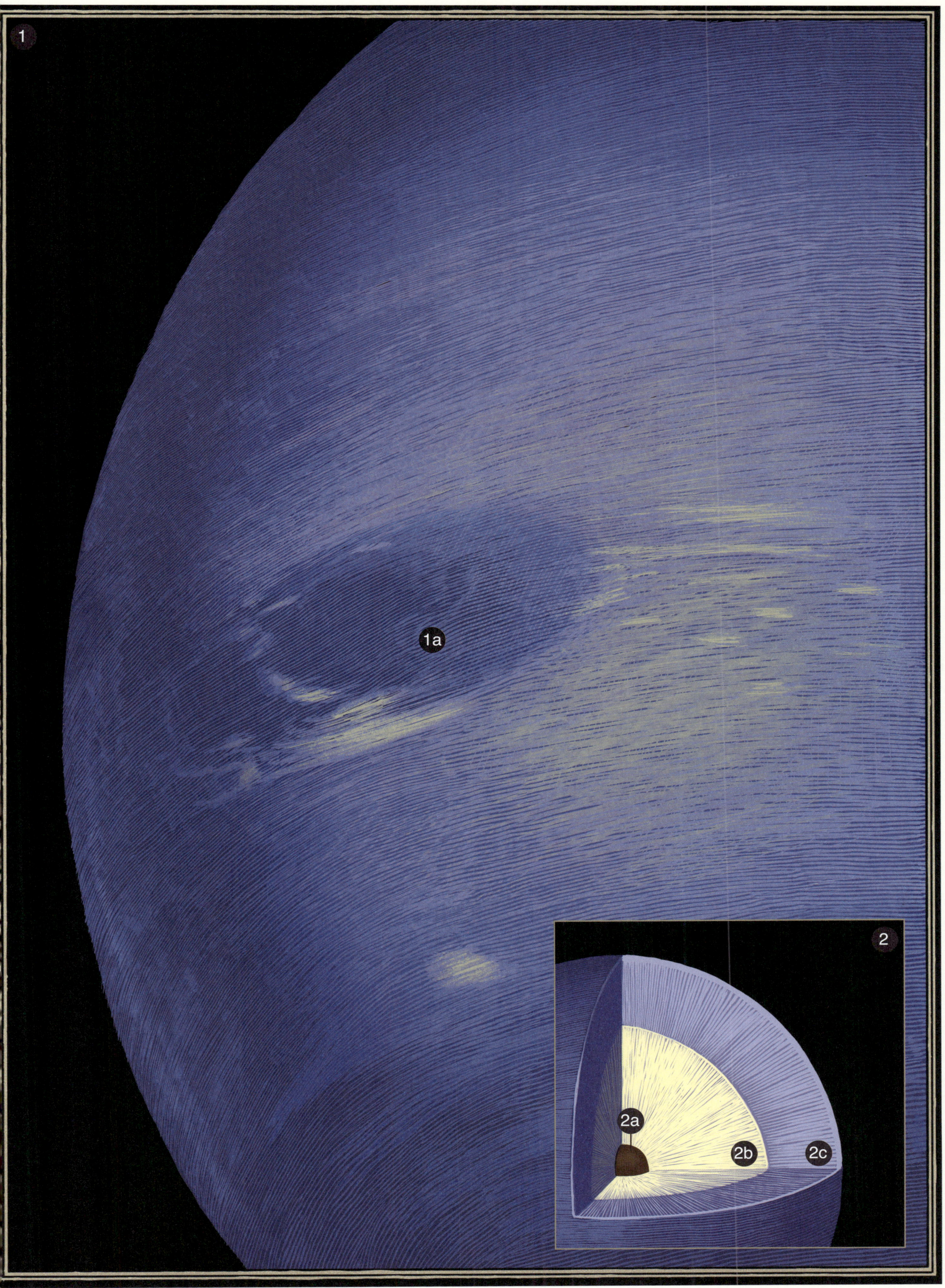

태양계

왜소행성

행성이란 무엇일까요? 2006년에 천문학자들은 행성이 갖춰야 할 세 가지 조건을 정했어요. 첫째, 행성은 궤도를 따라 태양 주위를 돌아야 해요. 둘째, 스스로 구형으로 뭉칠 충분한 질량과 중력이 있어야 해요. 셋째, 궤도 주변에 다른 천체를 끌어들일 수 있어야 해요. 명왕성은 천문학자들에 의해 오랫동안 태양계의 행성으로 분류되었지만, 위성으로 알려진 카론을 끌어들이지 못했기 때문에 76년 만에 행성이라는 지위를 내려놓고 왜소행성이 되었어요.

천문학자들은 명왕성의 궤도 너머에 수십 개의 왜소행성이 있을 것으로 추측해요. 하지만 현재까지 알려진 태양계의 왜소행성은 모두 다섯 개로 각각 명왕성, 세레스, 에리스, 마케마케, 하우메아예요. 이들 대부분은 해왕성의 궤도에서 태양 바깥쪽으로 150억 km에 펼쳐진 카이퍼 대에 있어요. 그중 가장 가까운 곳에 있는 세레스는 화성과 목성 사이의 소행성 대에 있으며, 소행성 가운데 가장 커요. 최초로 발견된 소행성이기도 한 세레스는 2006년에 왜소행성으로 다시 분류되었어요. 2015년 나사의 돈 탐사선이 세레스의 궤도에 진입함으로써 최초로 탐사선이 방문한 왜소행성이 되었어요.

2006년에 발사된 뉴호라이즌스 탐사선은 9년이 넘는 비행 시간 동안 48억 km를 여행한 끝에 마침내 2015년 7월에 명왕성을 통과했어요. 명왕성 표면으로부터 1만 2,500km 떨어진 곳까지 접근했으며 구덩이, 절벽, 계곡과 질소 얼음층 등 다양한 사진을 지구로 보내왔어요.

그림 설명

1. 왜소행성들
왜소행성의 크기를 비교하기 위해 지구와 나란히 나타냈어요. 실제로는 대부분 태양계 외곽에서 서로 멀리 떨어져 있어요.

a) 명왕성과 카론
명왕성
지름: 2,374km
공전 주기: 248년
자전 주기: 6.4일
태양으로부터의 거리 : 29.6~49.3AU

b) 에리스
지름: 2,400km
공전 주기: 560.9년
자전 주기: 1.1일
태양으로부터의 거리: 38.3~97.5AU

c) 하우메아
지름: 1,960km
공전 주기: 283.3년
자전 주기: 0.2일
태양으로부터의 거리 : 34.7~51.5AU

d) 마케마케
지름: 1,430km
공전 주기: 306년
자전 주기: 0.3일
태양으로부터의 거리: 38.1~52.8AU

e) 세레스
지름: 946km
공전 주기: 4.6년
자전 주기: 0.4일
태양으로부터의 거리 : 2.6~3.0AU

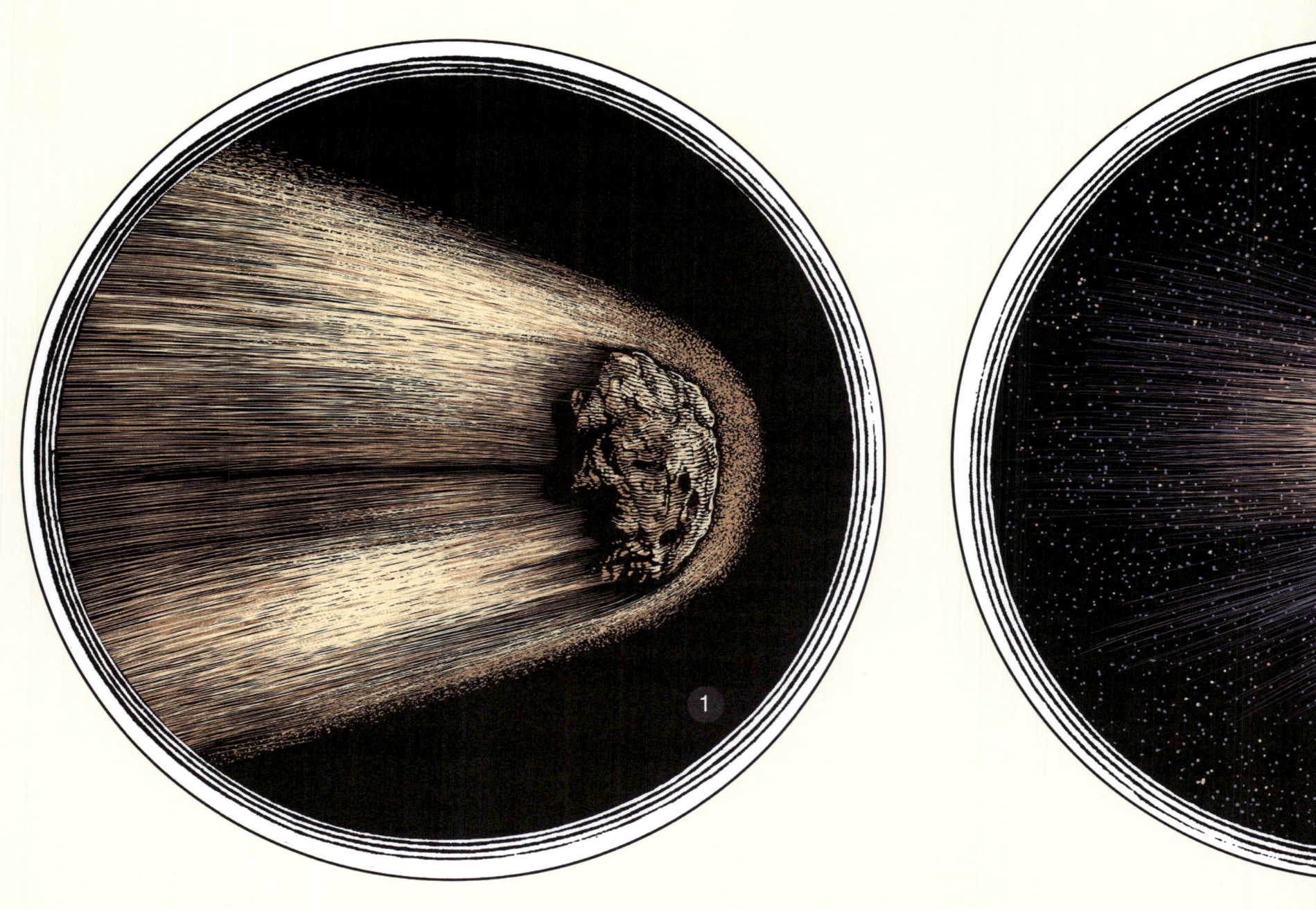

태양계

혜성과 소행성

　혜성과 소행성은 46억 년 전 태양과 행성, 위성이 생겨나고 남은 잔재들이에요. 이들은 타원 궤도로 태양 주위를 돌아요. 때때로 위태롭게 행성 가까이를 지나치기도 하는데, 드물게는 행성들과 충돌하기도 해요. 혜성과 소행성은 서로 구성과 움직임 등 여러 면에서 많이 달라요.

　빽빽한 얼음과 먼지 덩어리로 이루어진 혜성은 마치 커다란 흙투성이 눈 뭉치가 우주 공간을 쏜살같이 달리는 것처럼 보여요. 혜성은 태양계 가장 바깥에 있는 카이퍼 대나 태양으로부터 7.5조 km 떨어져 있는 오르트 구름에서 여행을 시작해요. 태양에 가까워질수록 온도가 올라가면서 얼음이 증발해요. 그래서 혜성의 핵 주위에 코마라고 부르는 가스와 먼지로 이루어진 두꺼운 구름이 만들어져요. 태양풍이 이들을 태양 반대쪽으로 밀어내면서 혜성 뒤쪽으로 밝은 꼬리가 만들어지지요. 큰 혜성의 경우 꼬리의 길이가 수백만 킬로미터에 이르는데, 지구에서 볼 수 있을 정도예요.

　반면에 소행성은 금속과 암석 물질로 이루어졌으며, 다른 천체와 부딪혀 모양이 울퉁불퉁해요. 소행성의 중력이 약해 충돌 때 생긴 부서진 조각들을 다시 구형의 모양으로 잡아당기

지 못했기 때문이에요. 소행성은 화성과 목성 사이의 소행성 대에서 태양 주위를 공전해요. 하지만 때때로 서로 충돌해 정해진 경로에서 벗어나 태양계 곳곳으로 날아가기도 해요.

    수많은 작은 잔해와 먼지들도 태양계 전체에 떠다녀요. 때때로 콩 크기만 한 물질들이 지구의 상층 대기에 진입하면서 불타기도 해요. 이를 유성 혹은 별똥별이라고 하는데 아름다운 빛줄기로 밤하늘을 가로지르곤 해요. 지구 대기에 진입하는 모든 잔해들을 유성체라고 불러요. 대기를 통과하면서 불타고 나서도 남은 일부가 운석이에요. 운석은 조약돌만 한 것부터 무게가 20톤이 넘는 바위덩어리만 한 것까지 크기가 다양해요.

그림 설명
---

1. 혜성의 핵
혜성의 핵은 얼음과 먼지가 중력에 의해 느슨하게 뭉쳐져 깨지기 쉬운 스펀지 같은 구조를 하고 있어요. 코마라고 부르는 입자와 가스의 흐릿한 구름으로 뒤덮여 있는데, 이 구름은 태양빛 덕분에 밝게 빛나요.

2. 혜성의 꼬리
혜성이 태양에 가까워지면 두 개의 꼬리가 만들어져요. 먼지 꼬리는 먼지로 이루어진 흰색의 꼬리로 태양풍의 영향으로 곡선을 그려요. 이온 꼬리는 자외선 때문에 생겨나는 푸른색의 꼬리로 태양풍의 영향을 크게 받아 태양풍에 휩쓸려 버려요.

3. 오르트 구름
오르트 구름은 태양계를 둘러싸고 있는 얼음 잔해로 이루어진 둥근 띠를 말해요. 별들이 근처를 지나갈 때 별들의 중력이 오르트 구름을 흔들게 되면 잠자던 혜성들이 깨어나 태양계 안쪽으로 여행을 시작해요. 그림에서 태양과 모든 행성들은 오르트 구름의 가운데에 있는 노란 점 안에 놓여 있어요.

태양계

외계 행성

과학의 발전에 따라 태양계 너머의 아득한 세계를 더욱 자세히 관찰할 수 있게 되었어요. 태양계 밖에 있는 외계 행성들은 마치 태양계의 행성이 태양 주위를 공전하듯 자신의 어머니 별 주위로 궤도를 따라 돌고 있어요. 천문학자들은 우리은하에 있는 2천억 개의 별 중에 2백억 개 정도의 별이 자신의 행성을 가지고 있다고 추측해요.

외계 행성은 지금까지 약 3,500개 정도가 발견되었어요. 확인된 외계 행성은 어머니 별의 바로 옆을 도는 거대 기체 행성부터 질량이 해왕성과 비슷한 거대 고체 행성까지 다양하지요. 특히 우리의 관심을 끄는 것은 골디락스 행성이라고 부르는 지구와 닮은 외계 행성이에요. 외계 행성들 중 일부는 지구와 마찬가지로 생명이 살 수 있는 조건, 즉 물과 공기 그리고 적당한 온도를 가지고 있는 것으로 추측하지요. 이런 조건을 갖춘 행성을 발견하면 산소와 오존, 메탄의 흔적을 연구해요. 만약 흔적이 발견된다면 이는 지구가 아닌 행성에서도 생명체가 존재한다는 신호가 될 거예요.

외계 행성을 찾는 것은 쉬운 일이 아니에요. 행성보다 수십억 배 밝은 별의 빛 때문에 망원경으로 관측하기가 어려워요. 그래서 천문학자들은 다른 방법으로 외계 행성을 찾기 시작했어요. 그 방법 중 하나가 '시선속도법'이에요. 이는 행성이 공전할 때 그 중력 때문에 어머니 별이 미세하게 흔들리는 현상을 이용한 거예요. 예를 들어 목성과 토성이 태양을 공전할 때 그 중력 때문에 태양이 앞뒤로 흔들려요. 이 흔들림의 강도를 측정해 목성과 토성의 질량을 추측할 수 있어요. 마찬가지로 별의 흔들림을 측정함으로써 행성의 존재와 질량을 추측할 수 있지요.

외계 행성을 찾는 또 다른 방법으로 '횡단법'이 있어요. 행성이 별을 지나갈 때 별빛이 약간 흐려지는 것으로 판단하는 거예요. 하지만 이는 관찰하기가 매우 어려워요. 마치 어두운 밤 자동차의 탐조등에 반딧불이가 스칠 때, 탐조등이 어두워지는 것을 측정하는 것과 같지요. 그것도 1,000km나 떨어진 곳에서 말이에요.

그림 설명

1. 게자리 55e

게자리 55e로 알려진 이 외계 행성은 지름이 지구의 두 배 정도 되는 행성으로 게자리 쪽으로 40광년 떨어진 곳에 있어요. 이 외계 행성은 태양과 비슷한 별인 게자리 55a 주위를 공전하고 있으며 낮의 온도는 1,000℃에서 2,700℃에 달해요. 용암이 넘쳐 흐르고, 때때로 행성 전체를 삼켜 버리는 가스와 먼지 기둥을 내뿜는 매우 사나운 환경일 거예요. 이 뜨거운 행성은 별이 내뿜는 방사선에도 벗겨지지 않는 매우 두꺼운 대기도 있을 것으로 추측돼요.

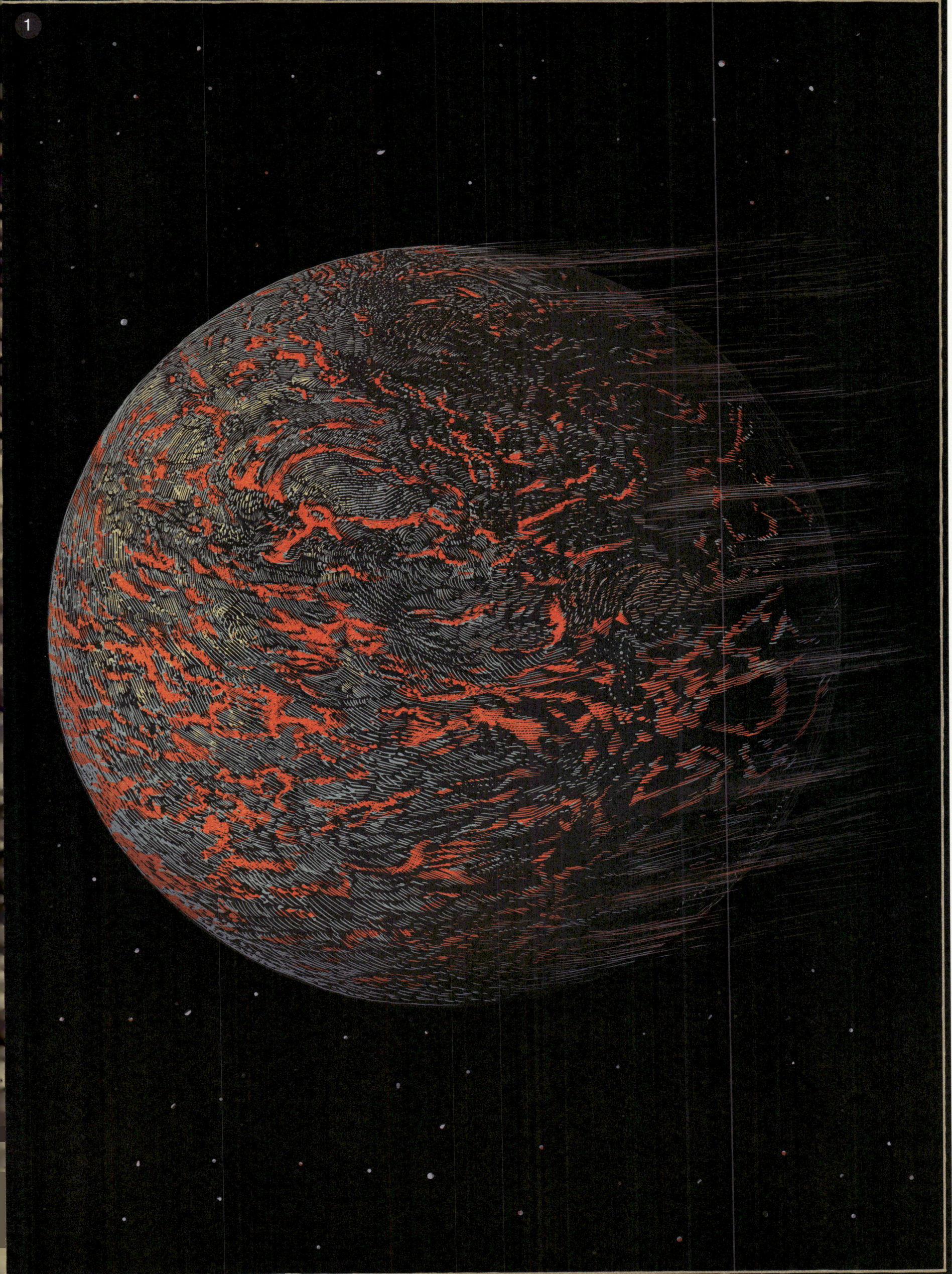

제 3 전시실

스스로 빛을 내는
태양

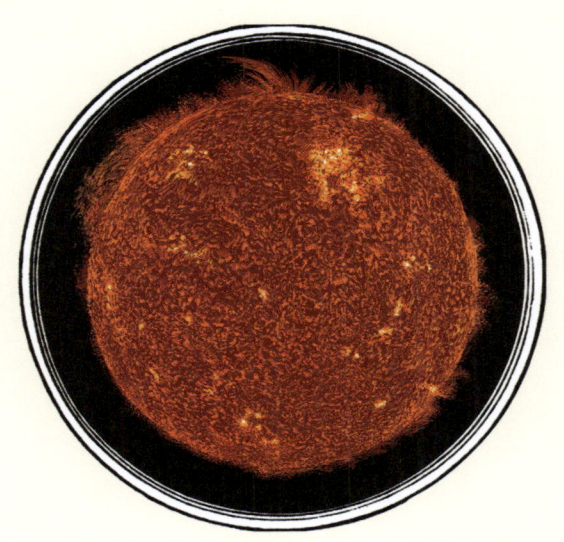

태양

태양과 지구의 관계

태양의 죽음

태 양

태양

태양계의 중심에 태양이 있어요. 46억 년 동안 빛나고 있는 태양은 다른 별들과 마찬가지로 수소와 헬륨 가스가 빽빽하게 뭉친 공 모양이에요. 태양계에서 가장 큰 천체로 지구보다 지름이 백 배 정도 크지요. 질량도 태양계 전체 질량의 99.86%를 차지하고 있어요. 이 엄청난 질량이 강력한 중력장을 형성해 가장 큰 행성부터 아주 작은 암석까지 태양계에 있는 모든 천체를 공전하게 해요.

태양의 내부를 직접 볼 수는 없어요. 대신 천문학자들은 태양의 표면을 자세히 관찰해 여러 가지 정보를 얻지요. 태양의 내부에서 뿜어 나오는 음파가 태양 표면에 닿으면 작은 진동을 일으키는데, 이 진동의 오르내림을 측정해 태양 내부의 정보를 얻어요. 이런 연구를 통해 태양 내부도 지구와 마찬가지로 여러 층으로 나누어진다는 것을 알게 되었어요.

하지만 태양의 내부는 지구처럼 명확한 경계가 있지 않아요. 수시로 변하는 밀도와 온도를 측정해 층을 구분하는 거예요. 태양 표면의 온도는 6,000℃ 전후인데 내부로 갈수록 점점 높아져 가장 안쪽의 핵에서는 1,500만 ℃까지 치솟아요. 핵에서는 강력한 중력 때문에 수소 원자의 밀도가 납보다 13배나 높아요. 이 극한의 환경에서 수소가 서로 융합되어 헬륨이 돼요. 핵융합이라고 부르는 이 과정에서 엄청난 양의 에너지가 내뿜어지는데, 이 에너지가 태양을 빛나게 하는 거예요.

―――――――― 그림 설명 ――――――――

1. 태양의 구조

a) 핵
태양의 가장 안쪽 부분으로 태양 반지름의 약 25%를 차지해요.

b) 복사층
핵에서 내뿜어지는 뜨거운 열이 복사층을 지나면서 온도가 200만 ℃까지 내려가요.

c) 대류층
끓고 있는 주전자 속의 공기방울처럼 기체 방울을 통해 에너지를 바깥쪽으로 전달해요.

d) 광구
우리 눈에 보이는 태양 표면이에요. 두께가 400km 정도 돼요. 태양 빛이 우주로 내뿜어지는 곳이에요.

e) 채층
광구로부터 내뿜어지는 밝은 빛 때문에 잘 보이지 않아요. 일식 때 잠깐 볼 수 있어요.

f) 코로나
태양의 가장 바깥쪽 대기예요. 기체 밀도가 아주 희박해요. 온도가 200만 ℃ 정도로 광구보다 수백 배 높아요.

2. 코로나 루프
뜨거운 기체로 채워진 자기 다발로 양쪽 끝 모두 광구에 연결되어 있어요. 광구로부터의 높이는 2,500km에서 10만 km 정도 돼요.

3. 플레어
태양 대기 중 자기장이 가장 강한 영역에서 발생하는 강한 폭발이에요. 가장 큰 플레어를 X등급 플레어라고 하는데, 백만 개의 수소 폭탄이 동시에 터질 때와 같은 에너지를 내뿜어요.

4. 흑점
광구에 일시적으로 나타나는 점으로 주변보다 차갑기 때문에 검게 보여요. 폭이 지구보다 크며, 태양 표면에서 이동해요.

태양

태양과 지구의 관계

태양은 1.5억 km의 거리에서 지구의 물, 식물, 화석 연료, 기후를 유지하는 데 필요한 정확한 양의 빛과 열을 제공해요. 만약 태양이 더 멀었다면 지구는 얼어 붙었을 거예요. 거꾸로 더 가까웠다면 녹아 버렸겠지요. 지구에 사는 생명체는 지구와 태양의 거리가 적당하기 때문에 지금처럼 존재할 수 있어요.

태양은 매일 똑같아 보이지만, 실제로는 매일 달라요. 특히 11년마다 태양의 표면에서 에너지 변화가 일어나는데, 이를 '태양 주기'라고 불러요. 에너지 활동이 최고조에 달하는 태양 극대기에는 태양의 표면에 흑점들이 규칙적으로 나타나며 강력한 폭발이 일어나요. 강력한 폭발 중 하나가 자기장에 쌓여 있던 에너지가 폭발하면서 복사에너지와 전하를 띤 입자들을 내뿜는 플레어예요. 또한 플라스마 거품이 몇 시간 동안 내뿜어지는 코로나 방출도 일어나요. 이와 같은 현상이 일어나면 지구에 1,500GW의 전기가 쏟아지는데, 이는 매일 미국에서 생산하는 전력량의 거의 두 배에 해당하는 양이에요.

플레어와 코로나 방출로부터 내뿜어지는 물질들은 태양풍을 타고 태양계에 퍼지는데, 태양을 떠난 후 나흘 안에 지구에 도착해요. 빠르게 움직이는 입자는 지구의 자기장을 교란하면서 상층 대기로 들어와요. 이 태양 입자가 지구 대기의 기체 원자와 부딪히면 기체 원자가 희미한 빛을 내뿜어요. 이것이 지구의 극지방에서 볼 수 있는 오로라예요.

― 그림 설명 ―

1. 자기장
지구의 자기장은 지구 주위에 자기권을 만들어 태양에서 날아오는 입자들로부터 지구를 지켜 줘요. 태양풍과 함께 날아오는 입자들은 지구의 태양 쪽 자기권을 밀어 누르고 반대쪽 자기권을 늘려 긴 꼬리를 만들어요. 이 자기권 때문에 대부분의 태양풍은 굴절돼요. 하지만 코로나 방출 같은 태양 폭풍이 지구를 강타할 때는 자기권이 뚫리기도 해요. 자기장의 일부가 뚫리면 극지방의 대기권으로 고에너지의 입자가 들어오게 되어 오로라를 볼 수 있어요.

2. 일식
개기일식은 달이 태양 앞에서 태양 표면 전체를 가릴 때 일어나요. 달이 태양보다 400배 작기 때문에 태양이 달보다 400배 더 멀리 있을 때만 가능해요. 때때로 달이 태양의 일부분만을 가릴 때는 부분일식이 일어나요.

3. 코로나 방출
개기일식 때 아름다운 검은 원 주위로 하얗게 빛나는 코로나 방출을 볼 수 있어요.

태양

태양의 죽음

인간과 마찬가지로 별도 태어나 살다가 죽음을 맞이해요. 태양도 다른 별처럼 에너지의 연료가 남아 있을 때까지만 빛날 뿐이에요. 현재 태양의 핵에서는 매초마다 핵융합을 통해 7억 톤의 수소가 6.95억 톤의 헬륨으로 바뀌면서 에너지가 만들어져요. 핵 안의 수소가 모두 헬륨으로 바뀌고 나면 태양은 죽음의 여정을 시작할 거예요.

태양은 탄생 이후 거의 46억 년이 지났지만 아직 절반 정도의 수명이 남아 있어요. 하지만 50억 년이 지나면 태양 내부에서는 더 이상 핵융합이 일어날 수 없을 거예요. 그러면 태양의 자체 중력에 의해 핵이 무너지기 시작하고, 그 압력으로 인해 또 다른 에너지와 열이 발생해 태양이 300배 이상 부풀어 올라요. 이 상태를 '적색거성'이라고 해요. 그렇게 되면 태양과 가까운 수성과 금성은 사라지고, 지구 역시 큰 피해를 입게 돼요. 아마 가까워진 태양의 열을 받은 지구

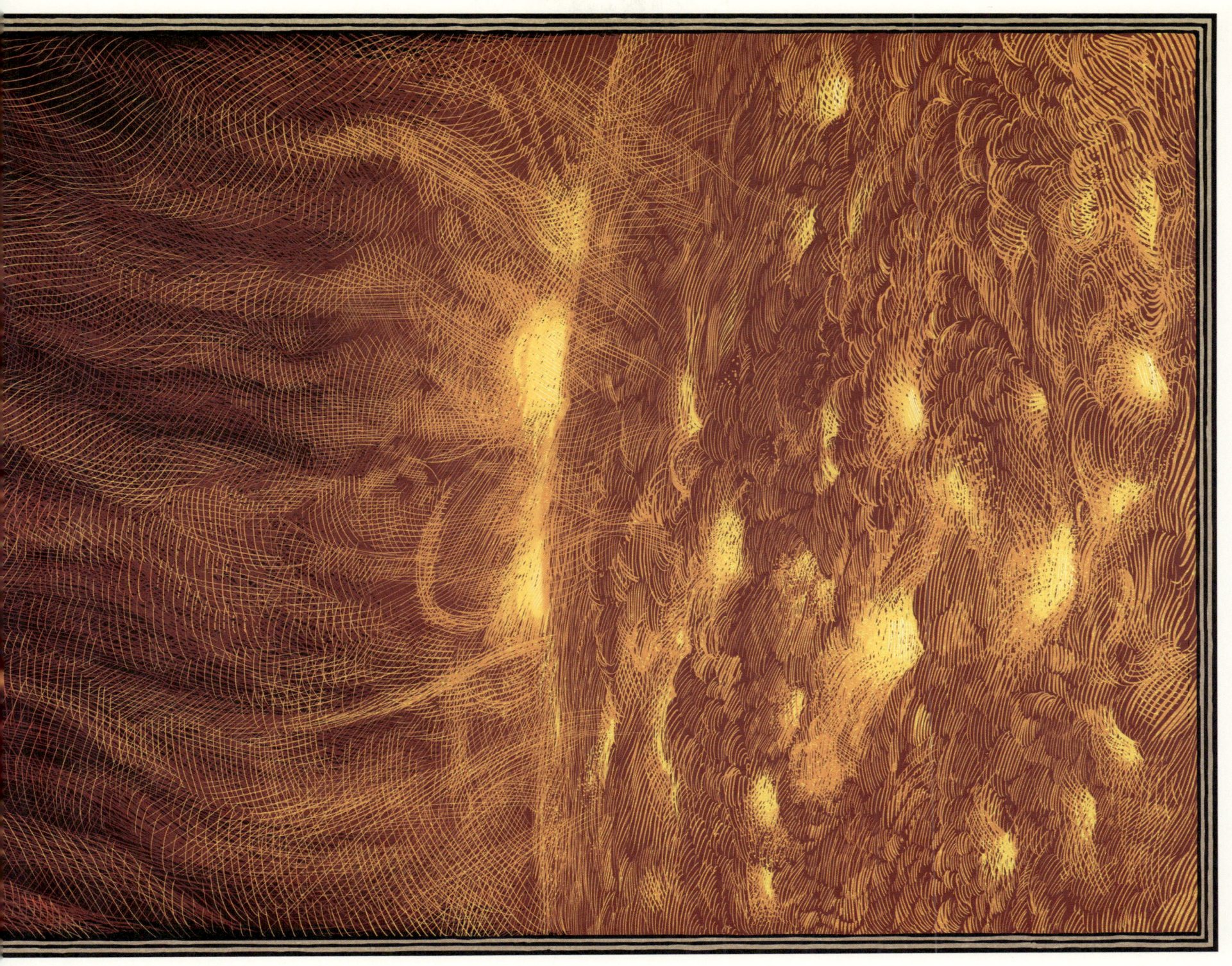

의 모든 생명체가 사라질지도 몰라요. 대신 지금 태양열의 영향을 받지 못하고 있는 태양계 바깥의 많은 천체는 온도가 올라갈 거예요. 얼음이 풍부했던 천체는 얼음이 녹아 물이 풍부해지겠지요. 천문학자들의 추측이긴 하지만, 그런 일이 벌어진다면 왜소행성 에리스가 지구를 대체할 인간의 새로운 행성이 될지도 몰라요.

그림 설명

1. 적색거성으로 변한 태양

앞으로 수십억 년 후 태양은 적색거성으로 부풀어 오를 거예요. 천문학자들은 적색거성이 된 태양이 수성과 금성을 삼킨다고 예측하지만 지구가 어떨지 확실한 대답을 못하고 있어요. 태양의 팽창이 지구 앞에서 멈추더라도 너무 가까워진 태양에서 내뿜는 강력한 열이 지구를 태워 버릴 거예요. 하늘의 절반을 가득 채운 태양 때문에 바다는 끓어오르고 암석은 흐물흐물해질 거예요. 그때가 되면 지구에는 어떤 생명체도 살 수 없게 되지요.

제 4 전시실

수많은 별이 빛나는
밤하늘

밤하늘

북반구 별자리

남반구 별자리

밤 하 늘

밤하늘

    구름 한 점 없는 어두운 밤, 도시에서 멀리 떨어진 곳에서는 맨눈으로도 2,000개에 가까운 반짝이는 별을 관찰할 수 있어요. 사람들은 별이 가득한 밤하늘을 바라보면서 자연에 놀라움을 느끼지요. 밤하늘을 자세히 관찰하면 다음과 같은 사실을 알 수 있을 거예요.

    첫째, 별들은 밝기가 서로 달라요. 더 크고 강한 별이 더 많은 빛을 내뿜기 때문이에요. 또한 지구와 가까운 별이 더 밝게 보이기도 해요.

    둘째, 별들은 색깔이 서로 달라요. 대부분의 별들은 하얀색으로 보이지만 몇몇 별은 붉은색, 푸른색 혹은 노란색으로 보여요. 별들의 색이 다른 것은 표면 온도가 다르기 때문이에요. 뜨거운 별일수록 푸른색으로 보이고 차가운 별일수록 붉은색으로 보여요. 태양계 행성들 중 일부는 맨눈으로 색을 구별할 수 있는데, 수성은 노란색, 금성은 은색, 화성은 붉은색, 목성은 흰색,

토성은 연한 노란색으로 보여요. 하지만 실제로 그런 색을 내는 게 아니라 태양빛이 반사되어 그렇게 보이는 거예요.

    셋째, 별들은 무리 지어 있어요. 이런 모습을 보고 옛날 사람들은 재미있는 이야기를 연결시켜 별자리를 만들어 내기도 했지요. 하지만 무리 지어 보이는 별들 대부분이 실제로 그렇지 않아요. 서로 멀리 떨어져 있는 별들이 지구에서 볼 때 같은 방향에 있어 그렇게 보이는 것뿐이에요. 또한 이 별들은 서로 다른 궤도 위를 서서히 움직이고 있기 때문에 먼 미래의 사람들은 우리가 보고 있는 별자리와 전혀 다른 별자리를 관찰하게 될 거예요.

그림 설명

1. 밤하늘
밤하늘을 아름답게 장식하는 것은 별뿐만이 아니에요. 달이 뜨지 않은 아주 맑은 밤, 별들이 하늘을 가로질러 마치 강처럼 펼쳐져 있는 은하수를 볼 수 있어요. 또한 매년 특정 시기가 되면 일부 별자리 부근에서 불꽃놀이같이 화려한 유성우도 볼 수 있어요.

밤하늘

북반구 별자리

아주 오래전부터 사람들은 별자리에 관심이 많았어요. 반짝반짝 빛나는 별들이 모여 이루는 모양을 보고 신화 속 신과 영웅, 괴물 등을 떠올리며 그들의 이름을 별자리에 붙여 주었지요. 별자리의 이름은 문화권마다 비슷한 것도 있고 다른 것도 있어요. 그리스 신화 속 사냥꾼 오리온의 이름을 딴 오리온자리는 중국에서는 쉔이라는 사냥꾼의 이름으로 불렸어요. 또한 이집트에서는 우나스라는 파라오의 이름으로 불렸고, 헝가리에서는 마법의 궁수로 불렸지요. 하나의 별자리를 두고 각 문화권에서는 다른 모양으로 상상하기도 했어요. 일곱 개의 밝은 별이 있는 큰곰자리는 영국에서는 쟁기, 미국에서는 국자, 프랑스에서는 냄비라고 불렸고 고대 중국에서는 옥황상제의 마차라고 불렸지요.

20세기 초에 국제 천문 연맹(IAU)이 북반구와 남반구 하늘에 88개의 별자리를 정했어요. 오늘날의 천문학자들은 이 88개 별자리로 하늘을 나누고 천체의 위치를 표시하는 데 유용하게 사용하고 있어요. 특히 중요한 별들을 나타낼 때 그 별이 속해 있는 별자리와 그 별자리 안에서의 밝기 순서에 따라 그리스 알파벳을 부여하는 방식으로 표시하고 있어요. 예를 들어 오리온 베타의 경우 오리온자리에서 두 번째로 밝은 별을 나타내는 거예요.

북반구에서 가장 밝게 빛나는 별 중 하나가 북극성이에요. 위의 기준에 따른다면 정식 이름은 작은곰알파지요. 큰 움직임이 없이 거의 한 자리에 머무르기 때문에 어두운 밤바다를 항해하는 뱃사람들에게는 가장 중요한 별이었어요. 북반구의 밤하늘은 천구의 북극을 중심으로 회전하는데, 북극성이 바로 천구의 북극에 있어요. 그래서 항해자들은 북쪽 방향을 찾을 때 밤하늘에서 북극성을 찾았어요.

그림 설명

1. 북반구 별자리 지도
이 별자리 지도는 16세기 내지 18세기의 천문학자들이 사용하던 거예요. 항해와 연구를 위한 도구였을 뿐만 아니라 그 자체로 아름다운 예술품이지요. 별자리 지도는 지금의 발전된 현대 과학과는 거리가 있지만, 오랜 시간 동안 이어진 천문학의 전통을 느낄 수 있게 해 주지요.

밤하늘

남반구 별자리

　남반구는 별을 관찰할 수 있는 최고의 조건을 갖추고 있어요. 지평선 위로 펼쳐진 은하수를 가장 잘 볼 수 있고, 이웃 은하인 대마젤란은하와 소마젤란은하도 관찰할 수 있지요. 또한 밤하늘에서 가장 밝게 빛나는 세 별, 시리우스, 카노푸스, 센타우루스알파도 볼 수 있어요. 그중 발견하는 사람에게 행운을 가져다준다고 알려져 있는 카노푸스는 300여 개의 별들이 모여 환상적인 장면을 만들어 내는 용골자리에 속해 있는 별이에요. 용골자리에는 수천 년 안에 초신성으로 최후를 맞이할 에타 카리나도 있어요.

　먼 옛날 호주의 원주민들은 남반구의 밤하늘을 수놓은 별들에 이름을 붙여 주었어요. 하지만 아쉽게도 국제 천문 연맹에서는 16세기 유럽 탐험가들이 붙인 이름을 기초로 해서 남반구 별자리의 이름을 지었지요. 거듭 말하지만 당시에는 먼바다를 항해할 때 별자리를 이용한 천문항법에 의지해 이동했기 때문에 별자리가 매우 중요했어요. 그중 하나가 바로 남십자성자리예요. 국제 천문 연맹이 채택한 88개의 별자리 가운데 가장 작지만, 중심이 되는 네 개의 별이 매우 밝고 일 년 내내 관찰할 수 있지요. 남십자성자리는 호주, 뉴질랜드, 파푸아뉴기니, 사모아와 브라질을 비롯한 여러 나라의 국기에 표시되어 있어요. 남십자성자리에서 가장 흥미로운 것은 보석상자성단이에요. 망원경으로 밤하늘을 관찰해 보면 100여 개의 붉고 파란 별들을 볼 수 있어요.

그림 설명

1. 남반구 별자리 지도

남반구 별자리 지도에서 가장 대표적인 별자리는 센타우루스자리예요. 지도의 중앙에서 오른쪽을 보면 그리스 신화에 등장하는, 하반신은 말이고 상반신은 사람인 센타우루스 종족 케이론이 그려져 있어요. 10시 방향에는 오래전부터 알려진 별자리 중 하나인 물병자리가 있어요. 물병자리는 열 번째로 큰 별자리지만 특별히 밝은 별이 없어 밤하늘에서 보기가 매우 어려워요. 가장 큰 별자리인 바다뱀자리가 오른쪽에 길게 뻗어 있어요. 그리고 은하수가 왼쪽 아래부터 점이 박힌 띠로 그려져 있어요.

제 5 전시실

반짝반짝 빛나는
별

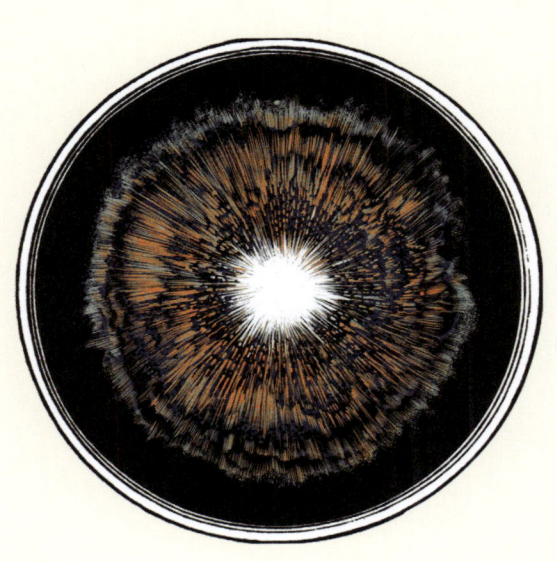

별의 종류

별의 탄생

별의 일생

별의 죽음

블랙홀

별

별의 종류

우주에는 적어도 1경 개의 별들이 있어요. 별은 가스로 이루어진 구형 천체로 열과 빛, 다양한 복사선을 내뿜어요. 지구에서 보면 대부분 비슷하게 보이지만 실제로는 크기와 질량, 온도, 색깔, 수명 등이 모두 제각각이에요.

그동안 천문학자들은 별을 구분하는 여러 가지 방법을 연구했어요. 천문학자 애니 점프 캐논은 별을 표면 온도에 따라 O, B, A, F, G, K, M으로 구분하는 방법을 고안했어요. O형 별이 가장 뜨거운 별이고, M형 별이 가장 차가운 별이에요.

별은 크기에 따라 왜성, 거성, 초거성으로 구분하기도 해요. 태양은 G형 왜성이에요. 우주에는 태양보다 작은 왜성이 많은데, 가장 작은 별로 알려진 왜성 EBLM J0555-57Ab는 토성보다 조금 커요. 반대로 초거성인 백조자리 NML은 지금까지 알려진 별 중에서 가장 큰 별이에요.

62

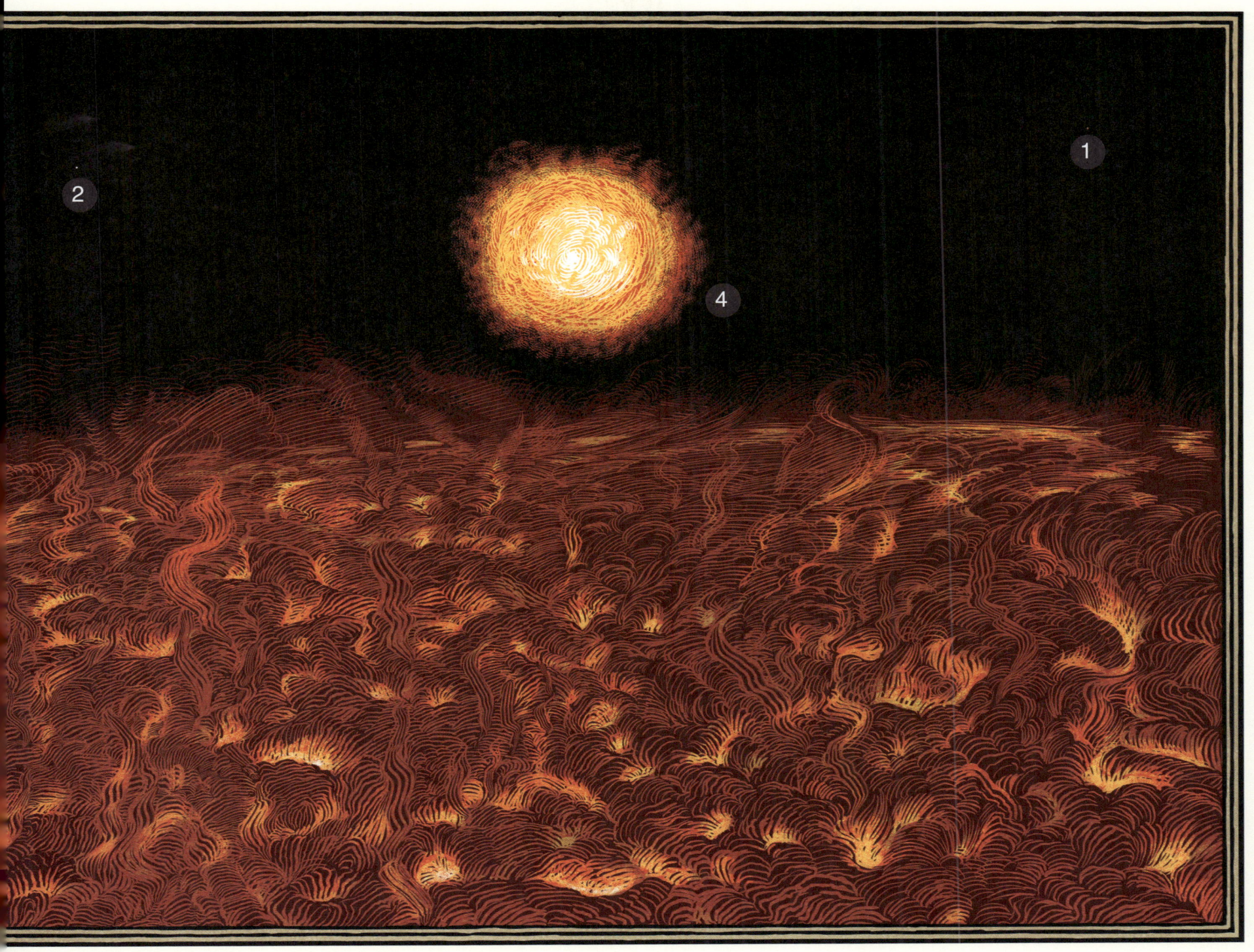

지구에서 5,300광년 떨어져 있으며, 태양보다 1,650배 커요.

별도 사람처럼 수명이 있는데, 이에 따라 원시별, 성숙기별, 노년기별로 구분하기도 해요. 별의 수명은 처음 만들어질 때의 질량에 따라 결정되는데, 질량이 클수록 별의 수명은 짧아요.

그림 설명
---

1. 갈색왜성
표면 온도: 1,000~2,000℃
반지름: 0.05~0.12태양반지름
(1태양반지름은 69만 5,700km)
내뿜는 에너지의 양: 태양의 0.00001배

2. 백색왜성
표면 온도: 4,000~15만 ℃
반지름: 0.0085~0.2태양반지름
내뿜는 에너지의 양:
　　　태양의 0.0001~100배

3. 황색왜성
표면 온도: 5,000~7,000℃
반지름: 0.96~1.4태양반지름
내뿜는 에너지의 양: 태양의 0.6~5.0배

4. 적색거성
표면 온도: 7,000~9,000℃
반지름: 20~100태양반지름
내뿜는 에너지의 양:
　　　태양의 100~1,000배

5. 청색초거성
표면 온도: 1만~2만 ℃
반지름: 100~2,000태양반지름
내뿜는 에너지의 양:
　　　태양의 1,000~80만 배

6. 적색초거성
표면 온도: 3,000~5,000℃
반지름: 100~2,000태양반지름
내뿜는 에너지의 양:
　　　태양의 1,000~80만 배

별

별의 탄생

우리은하에서는 평균적으로 매년 세 개 정도의 별이 태어나요. 일 년에 수백 혹은 수천 개의 별이 태어나는 은하도 있어요. 태어난 별들은 성운에 모여 있지요. 성운은 수소, 헬륨 가스와 아주 미세한 먼지 입자로 이루어져 있는데, 우리 눈에는 구름처럼 보인다고 해서 성운이라고 불러요. 성운은 수백만 년 동안 안정을 유지하다가도 주변의 별이 폭발하면서 생기는 충격파 등에 자극을 받으면 별을 만들기 시작해요. 중력에 의해 성운의 크기가 줄어들면서 빠르게 회전하게 되는데, 이런 과정을 통해 성간 물질들이 원반 모양으로 뭉치다가 마침내 원시별이라는 작고 뜨거운 별이 생기지요. 원시별은 성운의 남은 가스와 먼지로 뒤덮여 있기 때문에 관찰하기가 매우 어려워요.

원시별이 생겨난 후 십만 년에서 백만 년 정도 지나면 원시별 주변의 가스와 먼지들이 원시별로 떨어지거나 멀리 흩어져요. 내부 온도는 계속 뜨거워지는데 1,500만 ℃에 다다르면 핵융합이 시작되며 이 과정에서 엄청난 양의 에너지가 내뿜어져요. 별에 불이 붙어 마침내 빛나기 시작한 거예요. 별이 생긴 후에도 많은 별들은 가스와 먼지로 둘러싸여 있어요. 이 물질들은 원반 모양을 이루며 별 주위를 회전해요. 별이 안정되면 별 주위도 냉각되면서 이 물질들이 서로 덩어리를 이루기 시작해요. 수백만 년이 지나면 이 덩어리들이 모여 미행성이라고 부르는 아기 행성이 돼요.

---------- 그림 설명 ----------

1. 오리온성운
1,350광년 떨어진 오리온성운은 오리온자리에 있으며, 활발하게 별이 만들어지는 곳이에요. 새로 만들어진 많은 별이 뿜어내는 방사선 때문에 성운이 환하게 보여요. 오리온성운의 폭은 40광년 정도로 지구에서도 맨눈으로 볼 수 있어요.

별

별의 일생

모든 별은 일생 동안 안쪽으로 끌어들이는 중력과 바깥쪽으로 밀어내는 가스의 압력 사이에서 균형을 이루며 안정적으로 위치해요. 하지만 언젠가 별의 에너지가 모두 바닥나는 때가 와요. 그러면 점점 중력의 힘에 이끌려 별의 죽음이 시작되지요. 모든 별이 겪어야 하는 이 죽음의 시기와 방식은 별이 처음 태어났을 때의 질량에 따라 결정돼요.

작은 별들은 태양의 0.8배 내지 8배 정도 되는 질량을 가지고 태어나요. 이들은 수소가 헬륨으로 바뀌면서 에너지를 만들어 내는 수십억 년 동안 안정된 시기를 보내요. 그리고 나서 수소 연료가 바닥나면 부풀어 올라 적색거성이 돼요. 수백만 년이 지나면 바깥층이 우주로 내뿜어지면서 행성상 성운이 나타나요. 이 단계가 지나면 중력에 의해 지구 크기로 압축된 핵만 남게 돼요. 이 별의 시체를 백색왜성이라고 불러요.

중간 크기의 별들은 태양의 8배 내지 20배 정도 되는 질량을 가지고 태어나요. 이들은 태양 크기의 별들보다 빨리 진화하는데, 핵융합 연료를 다 사용할 때까지 십억 년 정도 안정된 상태를 유지해요. 이후 엄청난 양의 빛을 내뿜는 거대한 초거성으로 진화해요. 이 거대한 별의 죽음은 별 바깥쪽의 모든 물질을 날려 버리는 맹렬한 초신성 폭발로 시작돼요. 폭발 이후에는 엄청나게 밀도가 높은 도시 크기의 핵만 남는데, 이를 중성자별이라고 불러요.

가장 큰 축에 드는 별들은 태양의 20배가 넘는 질량을 가지고 태어나요. 겨우 수백만 년 사이에 핵융합을 통해 핵에 있는 모든 연료를 다 써 버려요. 그러면 재빨리 부풀어 올라 거대한 청색초거성이 돼요. 그 다음에는 초신성 폭발에 이르기까지 빠르게 붕괴하지요. 질량이 아주 큰 별의 일생은 블랙홀이 만들어지면서 끝나요.

그림 설명

1. 성간 성운
모든 별들은 가스 구름이 붕괴할 때 성운의 안쪽에서 태어나요.

2. 원시별
별이 생겨날 때 가스가 성간 물질들과 함께 넓은 원반을 만들면서 별 주위를 돌아요.

3. 질량이 작은 별의 일생
a) 중력과 팽창하는 힘이 같아 균형을 이룬 상태예요. 이 상태의 별은 핵융합을 통해 만들어진 에너지를 내뿜으면서 수십억 년 동안 안정을 유지해요.
b) 핵에서 수소가 바닥나면 적색거성이 돼요. 핵은 붕괴되고 바깥층은 부풀어 올라요.
c) 바깥층이 행성상 성운으로 내뿜어져요.
d) 백색왜성이라고 부르는 쭈그러든 핵만 남아요.

4. 질량이 중간 정도인 별의 일생
a) 중력과 팽창하는 힘이 같아 균형을 이루는 상태로 연료를 매우 빠르게 태워 버려요.
b) 연료가 바닥나면 적색초거성이 돼요.
c) 초신성 폭발이 일어나요.
d) 중성자별이라고 부르는 매우 밀도가 높은 핵만 남아요.

5. 질량이 아주 큰 별의 일생
a) 중력과 팽창하는 힘이 같아 균형을 이루는 상태예요.
b) 연료가 바닥나면 청색초거성이 돼요.
c) 초신성 폭발이 일어나요.
d) 남은 잔해의 질량이 태양 질량의 3배를 넘으면 블랙홀이 돼요.

별

별의 죽음

별들이 일생을 마감하면 태어날 때의 질량에 따라 백색왜성, 중성자별, 블랙홀이 돼요. 이들 모두 우리가 쉽게 상상하지 못할 정도로 위험한 상태에 놓여 있어요.

대부분의 별들은 질량이 작은 별들로, 이들 모두 백색왜성으로 생을 마감해요. 백색왜성의 밀도는 매우 높아 태양 정도의 질량이 지구 크기의 덩어리로 뭉쳐 있는 것과 같아요. 한 숟가락 정도의 백색왜성 물질은 지구에서 5톤의 무게와 같지요. 백색왜성이 수백만 년에 걸쳐 냉각되면 핵에 있는 탄소들은 천천히 결정이 되어 다이아몬드가 돼요. 수십억 년이 지나면 이 거대한 다이아몬드가 더 차가워지고 더 이상 빛을 내뿜지 못하는 흑색왜성이 돼요.

중성자별은 초신성 폭발이라는 거대한 폭발 후에 생겨요. 그러면 별은 중력 때문에 지름이 10km 정도의 중성자 덩어리로 쪼그라들지요. 중성자별은 백색왜성보다 더 밀도가 높아, 한 숟가락 정도의 중성자별 물질은 지구에서 천만 톤의 무게와 같아요. 또한 매우 높은 압력으로 눌려 있어 1초에 50번 넘게 회전하면서 매우 강한 자기장을 만들어요.

질량이 아주 큰 별이 초신성 폭발을 거치면 태양 질량의 5배가 넘는 물질로 남아요. 이들을 붙잡을 수 있는 어떤 힘도 알려진 것이 없으며, 결국 가장 경이로운 상태인 블랙홀이 되지요.

그림 설명

1. 오늘날의 게성운
게성운은 거대한 초신성 폭발을 거친 별의 잔해예요. 처음 폭발을 관측한 것은 1054년이에요. 오늘날 우리가 보는 것은 폭발 이후 우주로 날아가는 뜨거운 가스지요. 성운의 폭은 10광년 정도이며, 별이 죽기 전에 별의 내부에 있던 다양한 물질들을 포함하고 있어요. 이 물질들은 결국에는 우주로 퍼져 나가서 다음 세대의 별이나 행성의 원료 물질이 될 거예요.

2. 게성운의 형성
a) 초신성 폭발
거대한 별이 중력 때문에 빠르게 쭈그러질 때 막대한 에너지가 내뿜어지는데 이때 별의 핵에 있던 물질들도 튀어나오게 돼요. 이때 나타나는 충격파는 시간당 2억 km의 속도로 우주를 여행해요.
b) 폭발의 여파
초신성 폭발의 충격파는 2만여 년에 걸쳐 별에서 내뿜어진 가스와 먼지 구름에 충격을 가해요. 충격파는 이 물질 고리에 열을 가해 밝게 빛나게 허요.
c) 초신성 잔해
별이 폭발한 후 몇백 년 동안 가스와 먼지는 우주 공간으로 퍼져 나가요. 언젠가는 이들이 새로운 성운을 형성하고 새로운 별이 될 거예요.

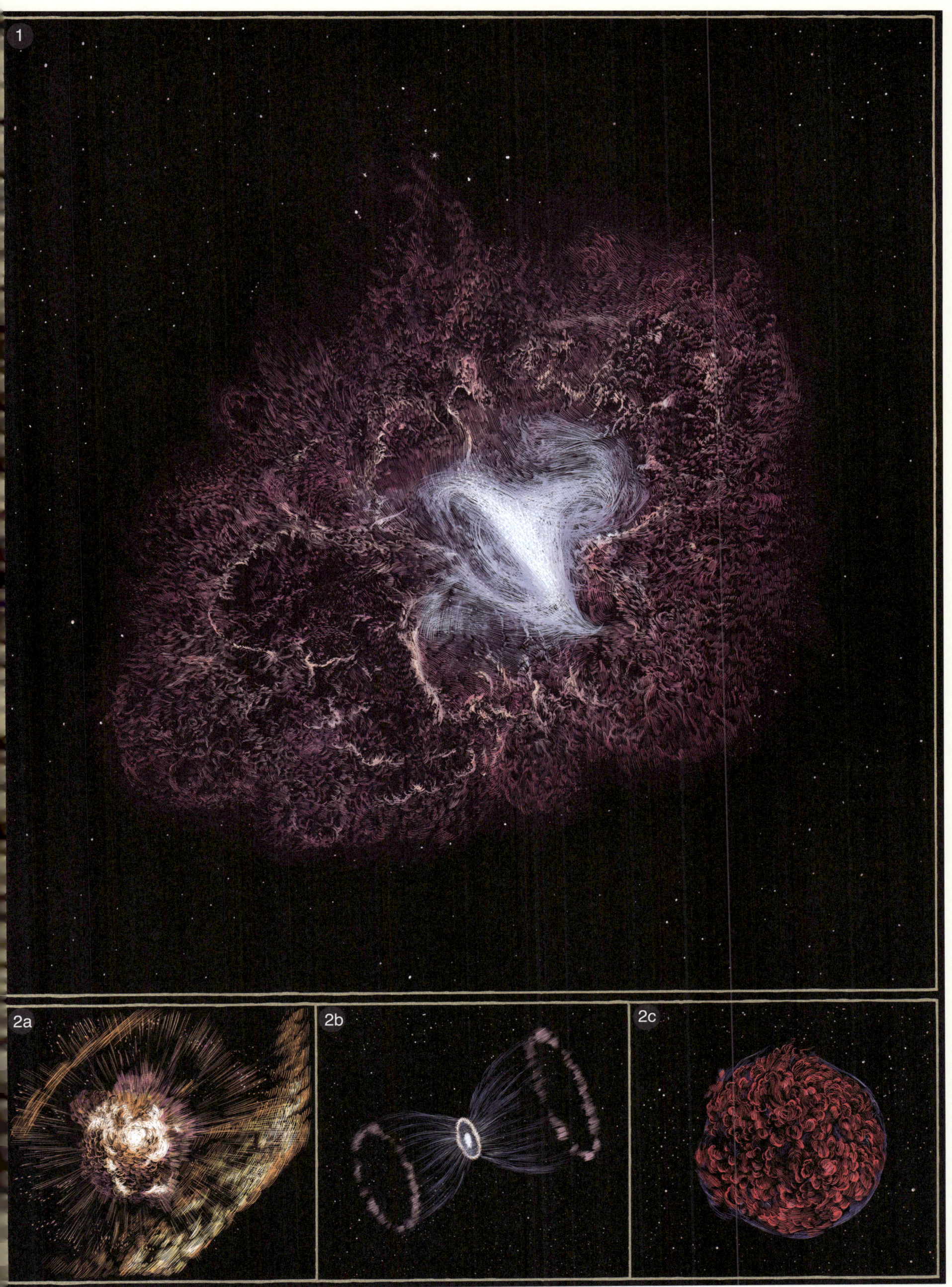

별

블랙홀

블랙홀은 우주에서 가장 큰 호기심을 불러일으키는 천체예요. 눈으로 관찰할 수 없고, 강력한 중력으로 모든 것을 빨아들인 다음 뜨거운 열로 불태우기 때문에 가까이 갈 수도 없지요. 이는 블랙홀을 지나는 행성, 별을 비롯한 모든 천체에도 똑같이 적용돼요.

블랙홀은 태양의 20배 이상 질량을 가진 거대한 별이 연료를 모두 불태우고, 쭈그러들고, 초신성 폭발을 한 후 만들어져요. 초신성 폭발을 마친 무거운 핵은 엄청나게 높은 밀도를 갖게 되는데, 이 때문에 매우 빠르게 회전하면서 주변 공간을 휘게 해요. 그래서 모든 것을 빨아들이게 되고, 심지어 빛조차도 빠져나올 수 없지요.

블랙홀의 중력이 매우 강하다 해도 진공청소기처럼 우주를 빨아들이지는 못해요. 태양 정도의 질량을 가진 블랙홀의 경우 3km 정도로 가깝게 접근한 천체들만 블랙홀의 중력과 휘어진 공간에 잡혀요. 또한 블랙홀은 빛을 내뿜거나 반사하지 않기 때문에 볼 수가 없어요. 그래

서 천문학자들은 블랙홀이 근처의 별들에게 미치는 영향을 측정해 블랙홀의 존재를 추측해요. 별들은 홀로 존재하지 않고 쌍을 이루는 경우가 많은데, 이런 별들을 쌍성이라고 해요. 보통 두 별 중 하나가 블랙홀이 되면, 다른 별은 평범한 별로 남아 주위를 돌게 되지요.

천문학자들은 두 블랙홀이 충돌할 때 방출되는 중력파를 감지할 수도 있어요. 충돌은 우주 공간에 파동을 일으켜요. 이 파동을 거대한 감지기를 사용해 지구에서 관측할 수 있어요. 실제로 2015년에 관측한 파동의 모양과 크기를 통해 질량이 태양보다 20배 이상인 블랙홀들이 우주의 어딘가에서 충돌했다는 것을 알게 되었어요.

───────────── 그림 설명 ─────────────

1. 블랙홀
블랙홀과 평범한 별이 쌍이 되어 서로를 공전할 때, 평범한 별의 물질이 블랙홀의 중력에 의해 떨어져 나가기도 해요.
이 물질들은 블랙홀 주위를 빙빙 돌면서 수백만 ℃까지 가열돼요. 뜨거워진 물질은 블랙홀로 떨어지기 직전에 많은 양의 X선을 방출하는데, 이를 우주에 있는 망원경을 통해 관측함으로써 천문학자들은 물체를 끌어당기는 천체가 블랙홀이라는 것을 알아낼 수 있어요. 아무도 블랙홀을 본 적이 없기 때문에 블랙홀이 어떤 모양일지는 상상에 의지할 수밖에 없어요.

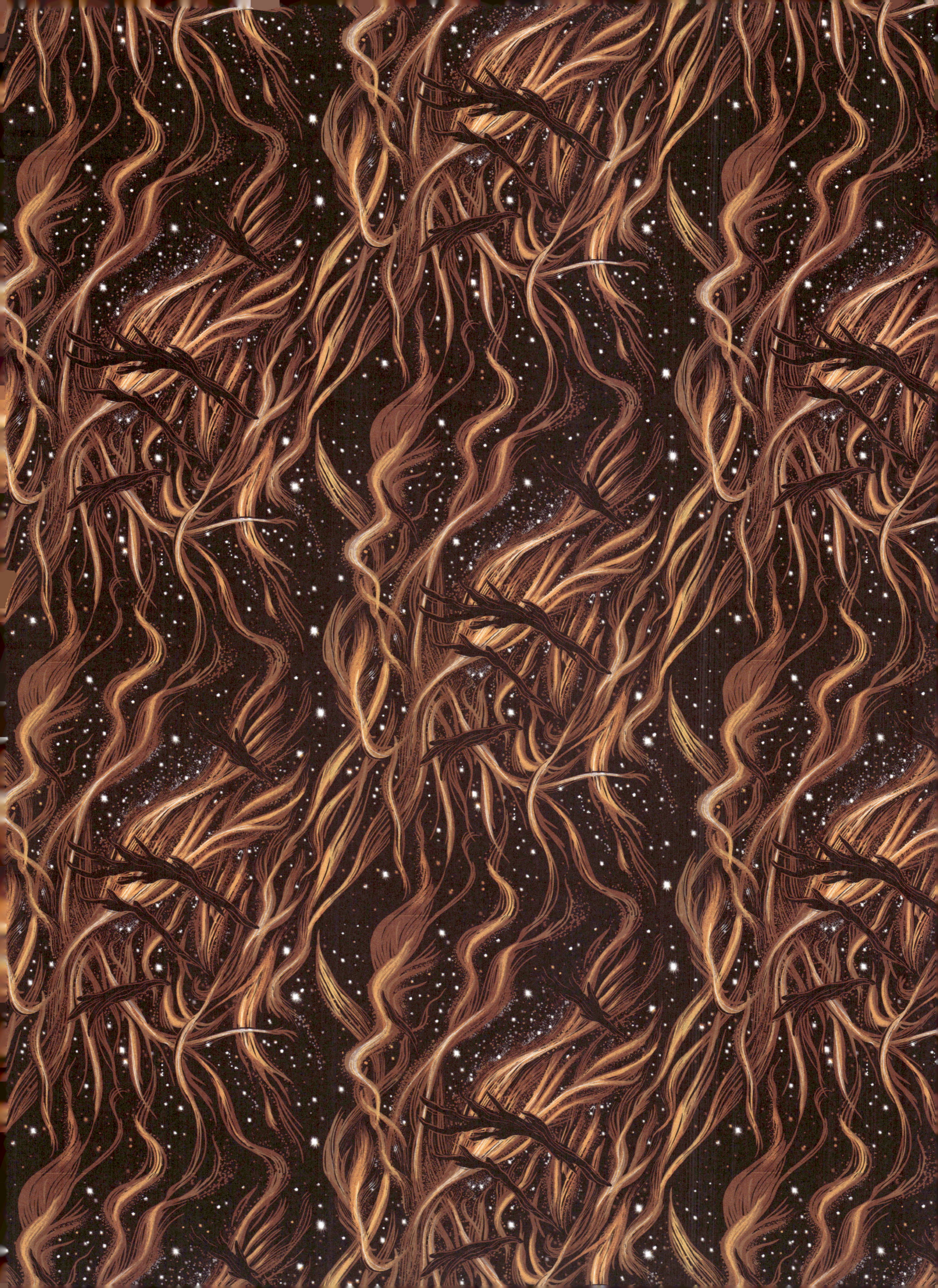

제 6 전시실

아름다운 별들이 강물처럼 모여 있는
은하

은하의 종류

우리은하

은하의 충돌

은하단

은 하

은하의 종류

    은하는 별과 가스, 먼지들이 중력에 의해 뭉친 거대한 무리예요. 우주에는 2조 개의 은하가 흩어져 있는 것으로 추측돼요. 모양과 크기가 제각각이지만 대부분은 나선은하, 타원은하, 불규칙은하에 포함돼요.

    우주에 있는 은하 중 약 75%가 나선은하예요. 우리은하도 나선은하에 속해요. 대부분의 나선은하는 중심부에 둥근 팽대부가 있어요. 팽대부는 오래된 붉은색 별과 노란색 별로 가득 차 있어요. 일부 은하의 팽대부에는 질량이 매우 큰 블랙홀이 있어요. 팽대부 주위를 납작한 원반이 둘러싸고 있는데, 이 원반은 가스, 먼지, 젊고 밝은 별들로 이루어져 있어요. 때때로 나선팔(나선 모양의 팔)로 나뉘어 소용돌이치듯이 팽대부 주위를 돌아 바람개비 모양의 은하가 돼요. 이 모두를 오래된 별들이 드문드문 흩어져 있는 공 모양의 헤일로가 감싸고 있어요.

    두 번째로 많은 은하가 달걀 모양의 타원은하예요. 대부분의 타원은하는 오래된 별들로 이루어져 있으며, 가스와 먼지도 매우 적어요. 타원의 크기는 수천 개의 별만 있는 작은 크기부터 우주에서 가장 큰 은하까지 다양해요. 가장 큰 은하는 폭이 3억 광년에 이르며 100조 개의 별이 있을 것으로 추측돼요.

불규칙은하는 이름 그대로 특징적인 모양이나 구조가 없는 은하예요. 많은 가스와 먼지를 품고 있어 새로운 별이 탄생할 수 있는 최적의 장소이며, 실제로 아주 선명한 새로 태어난 별들로 가득해요.

천문학자들은 우주 역사의 초기에 어떻게 은하가 만들어졌는지를 알기 위해 노력하고 있어요. 한 이론에 의하면, 나선은하는 매우 빠르게 회전하는 가스 구름으로부터 만들어졌고, 타원은하는 비교적 느리게 회전하는 가스 구름으로부터 만들어지면서 별들이 빨리 형성되었다고 생각해요. 반면에, 불규칙은하는 은하끼리 충돌하거나 은하를 일그러뜨리는 강력한 중력 때문에 생겼다고 생각해요. 아직도 연구해야 할 것이 많지만, 최신의 망원경 덕분에 수십억 광년 떨어진 은하들도 관찰할 수 있게 되면서 은하가 처음 생겨날 때의 모습을 볼 수 있을 것으로 기대돼요.

그림 설명
---

1. 나선은하
메시에83, 즉 남쪽바람개비은하는 바다뱀자리 방향에 위치한 나선은하예요. 폭은 4만 광년 정도로 우리은하의 3분의 1 크기예요. 나선팔의 안쪽 면에서 새로운 별들이 만들어지고 있어요.

2. 타원은하
거대타원은하인 ESO325-G004는 센타우루스자리 방향으로 4.5억 광년 떨어진 은하예요. 태양보다 질량이 천억 배 커요.

3. 불규칙은하
NGC4449는 지구로부터 1,250만 광년 떨어진 불규칙은하예요. 다른 대부분의 불규칙은하와 마찬가지로 별이 활발하게 만들어지는 장소예요. 푸른빛과 자외선을 방출하는 새로운 별들의 수가 엄청나요. 은하의 폭은 2만 광년 정도예요.

은하

우리은하

우리은하는 아름다운 나선은하로, 은하수라고도 불러요. 지구는 우리은하의 중심으로부터 2만 6,000광년 떨어진 가장자리에 있어요. 그래서 지구의 천문학자들이 우리은하의 전체 모습을 관측하기 어려워요. 특히 별과 가스, 먼지가 가득 모여 있는 지역이 우리의 눈앞을 가려요. 마치 밀림 한가운데 있으면서 밀림 전체 모습을 알아내는 것과 비슷해요. 하지만 자외선 망원경이 이 먼지 구름을 통과할 수 있어 은하의 전체 모습을 알 수 있어요.

다른 나선은하와 마찬가지로 우리은하의 모양은 중심부가 부푼 원반 모양이에요. 원반의 폭은 10만 광년 정도예요. 우리은하에는 적어도 2,000억 개의 별이 있는데 모두 은하의 중심을 공전해요. 우리은하의 별들이 소용돌이처럼 회전하며 은하의 중심을 한 바퀴 도는 데는 2억 2천만 년이 걸려요.

은하 전체가 자전을 하기 때문에 궤도의 가장 바깥쪽에 있는 별들은 시간당 80만 km의 엄청난 속도로 궤도를 돌아요. 이렇게 빠른 속도에도 불구하고 별들은 은하로부터 떨어져 나가지 않고 나선팔의 가장자리에서 꿋꿋하게 자기 위치를 지키고 있어요. 이는 다른 모든 나선은하에서도 마찬가지예요. 천문학자들은 오랫동안 그토록 빨리 공전하는 별들이 은하에서 떨어져 나가지 않는 이유를 연구했고, 그것은 곧 암흑 물질의 중력 때문이라는 것을 알게 되었어요. 암흑 물질은 아직 관측되지는 않았지만 은하의 외형을 유지하는 엄청난 양의 물질로 알려져 있어요. 어떤 복사선도 내뿜지 않아 발견하는 것이 거의 불가능하기 때문에 아직 암흑 물질에 대해 알려진 것이 많지 않아요.

그림 설명

1. 옆에서 본 우리은하
a) 팽대부: 중심에는 태양 질량의 4백만 배에 달하는 거대 블랙홀이 있을 것으로 추측돼요.
b) 원반: 은하의 납작한 부분으로 팽대부에서 뻗어 나가요.
c) 헤일로: 암흑 물질로 이루어진 보이지 않는 구역으로 원반을 감싸고 있어요.

2. 위에서 본 우리은하
a) 팽대부
b) 원반
c) 헤일로
d) 나선팔: 우리은하는 네 개의 나선팔이 있어요. 나선팔은 많은 양의 가스와 먼지로 이루어져 있어요. 우리 태양계는 나선팔 가운데 오리온자리팔이라는 곳에 있어요.

은하

은하의 충돌

대부분의 은하들은 서로 끌어당기는 중력 때문에 이웃 은하들과 무리 지어 있어요. 그러다 보면 두 은하가 너무 가까워 엄청난 충격이 따르는 충돌이 일어나기도 해요. 지금까지 여러 번 은하 충돌이 관측되었고, 지구가 속해 있는 우리은하도 수십억 년 후에는 안드로메다은하와 충돌할 것이라는 관측도 나오고 있지요.

두 은하가 충돌하면 어떤 일이 일어날까요? 작은 은하와 거대 은하가 충돌하는 경우, 작은 은하는 거대 은하에 빨려 들어가게 돼요. 두 거대 은하끼리 충돌하게 되면 폭이 수십만 광년에 이르고 수십억 개의 별을 품은 어마어마하게 거대한 은하가 생겨나요. 그렇게 만들어진 은하의 질량은 태양의 질량보다 100조 배나 더 무겁다고 하지요.

은하가 합쳐질 때 별들도 충돌을 할 거라고 생각하지만, 사실 별 사이의 공간이 너무 넓어 별끼리 충돌할 일은 거의 없어요. 대신 두 은하에 있던 성운들이 서로 합쳐지면서 수백만 개의 새로운 별이 생겨나지요. 은하의 중심부끼리 충돌하는 경우에는 중심부에 있는 블랙홀끼리 합쳐져 초거대 블랙홀이 생길 수도 있어요. 천문학자들은 대부분의 은하가 일생 동안 여러 번 충돌을 겪을 거라고 추측해요. 이때의 충격은 은하의 구조와 진화 방향을 완전히 바꿔 버릴 정도로 강력하답니다.

― 그림 설명 ―

1. 장미은하
이 충돌 중인 두 나선은하를 합쳐 ARP273이라고 불러요. 서로 합쳐지면서 뒤틀려 아름다운 장미 모양을 하고 있기 때문에 장미은하라고도 불러요. 밝게 빛나는 두 은하의 중심 핵은 서로 10만 광년 떨어져 있어요. 엄청난 양의 물질들을 서로 끌어당겨 각 은하의 바깥쪽에 가스와 먼지로 이루어진 꼬리가 만들어지고 있어요.

은하

은하단

은하들이 강력한 중력으로 서로 끌어당기며 모여 있는 무리를 은하단이라고 불러요. 은하단은 수십 개의 은하들로 이루어진 작은 무리부터 수백만 광년에 걸쳐 셀 수 없이 많은 은하와 별로 이루어진 거대한 무리까지 다양해요.

우리는 우주의 행성들을 들여다보면서 질량이 큰 행성이 더 큰 중력을 가지고 있다는 것을 배웠어요. 그런데 은하단을 관찰하는 과정에서 별, 행성, 먼지 구름 등 우리가 측정할 수 있는 모든 물체의 질량을 더해도 은하단의 규모를 유지하기 위한 중력에는 못 미친다는 것을 알게 되었지요. 그것은 은하단에 우리가 파악하지 못한, 질량을 가진 무언가가 있다는 뜻이에요. 그것이 바로 암흑 물질이지요. 천문학자들은 암흑 물질이 주변 물질과 어떤 상호작용도 하지 않는, 원자보다도 작은 입자일 것으로 생각해요. 그런데 놀랍게도 은하단을 유지할 만한 중력을 갖추려면 암흑 물질의 질량이 은하단 질량의 85%를 차지해야 할 것으로 추측해요.

은하단이 상상하기 힘들 정도로 거대하다고 해도 우주에서 가장 큰 구조는 아니에요. 우주에서 가장 큰 구조는 거대한 은하단들이 더 거대한 무리를 이루는 초은하단이에요. 이들은 우주의 가장 먼 곳까지 거미줄처럼 뻗어 있어요. 초은하단은 우주가 시작되고 얼마 지나지 않아 생겼을 것으로 추측해요. 이들의 구조가 매우 느리게 변하기 때문이에요. 가장 큰 초은하단은 빅뱅(Big Bang, 우주 탄생의 대폭발) 직후의 우주와 비슷할 수도 있어요. 초은하단 연구는 어떻게 우주가 진화해왔는지 이해하는 데 많은 도움을 줄 것으로 기대해요.

---- 그림 설명 ----

1. 은하단

CL0024+17은 오십억 광년 떨어진 은하단이에요. 천문학자들은 허블 우주 망원경을 이용해 이 은하들의 모양과 퍼져 나가는 형태를 자세히 관측하고 있어요. 또한 이 은하단이 뒤쪽에 있는 더 먼 은하들로부터 오는 빛을 어떻게 구부리고 비트는지 조사했어요. 이 모든 정보를 이용해 암흑 물질이 이 은하단 주위에 어떻게 퍼져 있는지 보여 주는 지도를 작성할 수 있었지요. 그림에서 보이는 은하 주위에 흐릿한 푸른 지역이 암흑 물질이 퍼져 있을 것으로 보이는 곳이에요. 암흑 물질들이 고리 모양을 하고 있는 것은 두 거대 은하단의 충돌 때문이라고 추측돼요.

제 7 전 시 실

모든 것을 품고 있는
우주

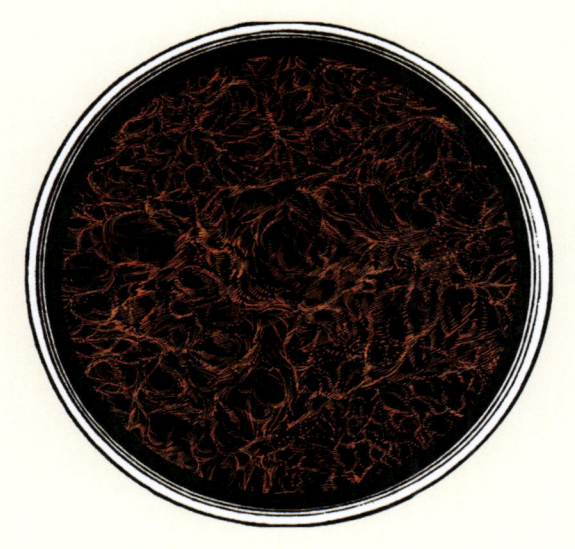

우주

빅뱅

팽창하는 우주

우주의 종말

우 주

우주

우주는 우주 안의 모든 것, 즉 시간, 에너지, 아주 작은 소행성부터 거대한 은하까지 우주 공간에 있는 모든 물질을 포함해요. 이를 연구하는 학문을 우주학이라고 하지요. 우주학은 우주는 어떻게 시작되었으며 어떻게 끝날 것인지, 우리 우주 너머에 다른 우주가 존재하는지 등등 매우 깊이 있는 질문들에 대답을 찾아요. 이러한 질문에 대답하기 위해 천문학자들은 이론을 뒷받침할 모델을 만들어요. 우리가 결코 보지 못할 현상을 예측하고 나타내 보이는 거예요. 이러한 모델들은 은하와 별들을 관측한 자료들과의 비교를 통해 검증을 하는데, 우주의 비밀을 더 많이 알게 되면 일부 모델은 버려지고 새로운 모델이 등장해요.

지금까지 우리가 연구한 우주에는 세 가지 큰 모델이 있어요. 첫 번째는 기원전 360년 전후 그리스 철학자인 플라톤과 아리스토텔레스가 주장한 지구 중심설이에요. 이 모델은 우리 행성인 지구가 행성, 태양과 별들을 포함한 모든 것의 중심이어서, 모든 것이 우리 행성 주위를 돈다고 주장해요. 기원후 2세기에 프톨레마이오스에 의해 표준화된 이 모델은 16세기까지 사람들의 생각을 지배했어요.

16세기에 코페르니쿠스의 수학적 이론과 아이작 뉴턴의 새로운 중력 법칙이 등장하면서 태양이 우주의 중심이라는 태양 중심설이 나타났어요. 이 모델은 태양계를 설명하는 데는 정확하지만 더 넓은 우주를 이해하기 위해서는 몇 단계 전진이 필요했어요.

세 번째 모델은 1915년 알베르트 아인슈타인의 일반 상대성 이론이 나타나면서 시작됐어요. 아인슈타인은 별과 은하 같은 무거운 물체는 주위의 공간을 휘게 하거나 구부린다고 생각했어요. 아인슈타인의 공식을 이용해 벨기에의 물리학자 조르주 르메트르는 우주가 팽창한다고 생각했어요. 한편, 1920년 미국 캘리포니아에 있는 윌슨산 천문대에서 에드윈 허블은 은하들이 서로 빠르게 멀어진다는 증거를 발견했어요. 르메트르는 허블의 발견을 이용해 현재 우리가 빅뱅 이론이라고 부르는 이론을 주장했어요. 빅뱅 이론은 현재 가장 폭넓게 받아들여지는 우주 모델이에요. 이 모델은 140억 년 전에 처음 우주가 탄생한 이래 진화하고 변화하는 우주를 설명하고 있어요.

그림 설명

1. 관측 가능한 우주
우주는 너무 광대하기 때문에 우주 초기에 먼 곳에서 출발한 빛이 아직까지도 우리에게 도착하지 못하고 있어요. 그래서 우리가 관측할 수 있는 우주의 범위는 한계가 있는데, 이를 관측 가능한 우주라고 불러요. 중심에 지구가 있고, 은하와 별들이 주변을 감싸고 있는 것을 상상하면 돼요. 시간이 지날수록 관측 가능한 우주의 범위는 넓어지겠지요. 관측 가능한 우주의 중심에는 지구가 있지만 실제 우주에는 중심이 없어요.

우 주

빅뱅

오늘날 대부분의 천문학자들은 우주가 138억 년 전에 일어난 빅뱅이라고 부르는 거대한 폭발로부터 시작되었다고 믿어요. 아주 먼 옛날, 우주는 믿을 수 없을 정도로 작은 거품 안에 들어 있었어요. 그런데 빅뱅이 시작되자, 순식간에 거품이 부풀어 오르며 모든 방향으로 에너지와 여러 물질을 내뿜었어요. 이후 우주는 계속해서 바깥쪽으로 팽창했고, 빅뱅이 일어난 시간과 장소로부터 아주 먼 곳으로 물질들을 밀어냈어요.

빅뱅 이후 처음 1초 동안 우주는 적어도 90번 이상 두 배로 커졌는데, 이는 원자보다 작은 크기가 골프공만 해진 셈이에요. 이때 온도는 10조 ℃를 넘었어요. 그 다음 3분 동안 팽창을 계속해 온도는 10억 ℃로 떨어졌어요. 차가워진 우주에서 양성자와 중성자가 결합하는 것이 가능해지면서 가장 가벼운 원소들인 산소, 헬륨과 적은 양의 리튬이 나타났어요. 탄소, 산소, 규소 같은 무거운 원소들은 한참 후에 별의 내부에서 만들어졌어요.

　　이후 38만 년 동안은 우주의 암흑 시대였어요. 우주를 가득 채운 뜨거운 안개 때문에 빛 입자가 뚫고 나올 수 없었기 때문이에요. 그 후 우주의 온도가 3,000℃ 정도로 떨어지자 전자가 원자핵 주위의 궤도에 붙잡히면서 최초의 원자가 나타났어요. 많은 전자가 원자에 잡혀, 떠다니는 전자가 적어지면서 마침내 빛이 탈출할 수 있었어요. 오늘날에도 이때의 빛을 감지할 수 있는데, 이를 우주 배경 복사라고 해요. 우리가 우주에서 볼 수 있는 가장 오래된 빛이에요. 최초의 빛이 탈출하고 나서 3억 년 내지 5억 년이 지나자 중력에 의해 가스 덩어리가 붕괴되고 쭈그러져 최초의 별과 은하가 나타났어요.

그림 설명

1. 우주의 진화

a) **빅뱅**: 우주가 138억 년 전 갑자기 팽창하기 시작했어요.
b) **고에너지 반응**: 초기 우주는 열과 방사선으로 가득 차 있었어요. 오늘날 우주 배경 복사를 통해 알 수 있어요.
c) **우주의 암흑 시대**: 최초의 원자가 나타났으나 빛이 빠져나갈 수 없어 우주는 완전히 깜깜했어요.
d) **별의 출현**: 빅뱅 후 2억 년쯤 후에 최초의 별이 나타났어요.
e) **은하의 출현**: 빅뱅 후 10억 년쯤 후에 최초의 거대 은하가 나타났어요.
f) **가속되는 우주**: 우주의 팽창이 갑자기 빨라지기 시작했어요. 암흑 에너지라 부르는 수수께끼 같은 요소 때문이에요.
g) **태양계**: 빅뱅으로부터 90억 년쯤 지나자 태양이 나타났고, 그 나머지들이 뭉쳐 지구를 포함한 행성이 되었어요.

우주

달아나는 우주

은하가 서로 밀어내고 있다는 에드윈 허블의 발견 이후, 천문학자들은 빅뱅으로 인해 우주가 팽창한다는 것을 이해하게 되었어요. 이제 천문학자들은 우주가 얼마나 빨리 팽창하고 영원히 팽창할 것인가에 관심을 갖게 되었어요. 만약 이것을 알 수 있다면 우주가 어떻게 끝날지도 알 수 있을 거예요.

1990년대 중반, 천문학자들은 우주가 얼마나 빨리 팽창하는지 정확히 측정하고 싶었어요. 그래서 서로 멀리 떨어진 Ia형 초신성 사이의 거리를 측정했어요. 초신성은 밝고 서로 비슷해 우주에서 이상적인 이정표 역할을 해요. 천문학자들은 중력 때문에 팽창 속도가 줄어들 거라고 예상했어요. 하지만 초신성들은 그들이 예상했던 것보다 더 멀어졌음을 알게 되었어요. 팽창 속도가 느려지기보다는 우주가 점점 더 빠른 속도로 팽창하고 있었던 거예요.

이 발견으로 우주에는 중력에 맞서 서로 밀어내는 힘이 있다는 것을 알았어요. 천문학자들은 이 새로운 힘을 암흑 에너지라고 불러요. 하지만 아무도 암흑 에너지가 무엇인지 몰라요. 우주의 팽창 속도가 이렇게 점점 더 빨라지려면 우주의 질량이 매우 커야 해요. 천문학자들은 우주를 구성하는 물질 가운데 행성, 별, 은하 등은 4% 정도에 불과하고 22% 정도는 은하단을 묶어 두는 암흑 물질이라고 생각해요. 그리고 놀랍게도 나머지 74%가 수수께끼 같은 힘인 암흑 에너지라고 추측한답니다.

--- 그림 설명 ---

1. 달아나는 우주

지구에서 볼 수는 없지만 우주는 계속 팽창하고 있어요. 이것은 태양계 행성 간의 공간에는 큰 영향을 미치지 않아요. 하지만 언젠가는 우리가 볼 수 있는 모든 은하가 우주의 팽창 때문에 망원경 밖으로 사라질 거예요. 천문학자들은 지구로부터 삼백만 광년 떨어진 은하는 초속 70km, 그 두배의 거리에 있는 은하는 초속 140km… 이렇게 삼백만 광년마다 초속 70km의 속도가 더 붙어 우주가 팽창하고 있다고 생각해요.

우 주

우주의 종말

누구도 우주의 마지막은 알 수 없어요. 수십억 년이나 수조 년 후에 우주는 산산조각 날 수도 있고, 한 점보다 작게 줄어들 수도 있고, 아니면 지금과 똑같을 수도 있어요. 그건 우주가 아직까지 암흑 물질과 암흑 에너지에 큰 영향을 받기 때문이지요.

우주 종말을 예측하는 여러 가정은 우주의 팽창이 어떻게 진행될 것인가에 달려 있어요. 첫 번째 가정은 암흑 에너지가 미래의 어떤 시기에 중력을 밀어내는 것을 멈추는 거예요. 그렇게 되면 우주에 있는 많은 물질 때문에 팽창이 멈출 뿐만 아니라 수축이 시작돼요. 수천억 년이 지나면 마침내 우주의 모든 물질은 빅뱅이 시작될 때처럼 한 점으로 쭈그러들어요. 쭈그러든 우주를 가정하는 이 이론을 대함몰이라고 불러요.

두 번째 가정은 암흑 에너지가 너무 강해 중력을 포함한 모든 힘을 누를 것이라는 거예요. 그렇게 되면 우주의 팽창은 점점 더 빨라지고 한계도 없이 서로 멀어지게 될 거예요. 은하, 별, 행성과 모든 생명체가 산산조각 나고 심지어 모든 물질을 구성하는 원자들도 파괴될 거예요. 그 끝을 대소멸이라 불러요.

우주가 일정한 속도로 팽창을 계속할 거라는 가정도 있어요. 암흑 에너지가 지금과 똑같은 힘으로 작용한다면 우주는 계속 팽창할 것이고 은하 사이의 거리는 점점 더 벌어질 거예요. 결국 모든 은하는 서로 너무 멀어져 보이지 않게 될 거예요. 이 외롭고 어두운 우주는 수조 년이 지나면 가장 낮은 온도에 떨어지게 돼요. 우주는 너무 추워 어떤 생명체도 살아남지 못할 거예요. 다 타 버린 별과 얼어붙은 행성과 블랙홀의 시체들만 남을 거예요. 이 끝을 대한파라고 불러요.

우주가 어떻게 언제 끝날 것인가에 대해서는 아직 모르는 것이 너무 많아요. 계속 우주의 신비가 벗겨지고 있지만 우리가 알아야 할 것이 너무 많아요. 우리는 이제 겨우 우주 표면을 만지기 시작했을 뿐이에요.

---- 그림 설명 ----

1. 빅립

빅립(Big Rip), 즉 대소멸이라고 부르는 이론에서는 우주가 빠른 속도로 팽창을 계속해 물리적으로 찢기게 돼요. 모든 은하, 별과 행성이 셀 수 없는 조각들로 찢겨요. 결국 중력으로 뭉쳐 있던 모든 물체를 찢어 버린 암흑 에너지의 힘은 중력이 아닌 다른 힘으로 뭉쳐 있던 분자, 원자 심지어 원자를 구성하는 입자까지 파괴할 거예요. 이 파괴적인 시나리오는 우주가 맞이할 수 있는 종말의 여러 시나리오 중 하나에 불과해요. 이 시나리오가 맞더라도 다행히 천억 년이라는 시간이 아직 남아 있어요.

자 료 실

찾아보기

우주 박물관의 큐레이터들

찾아보기

ALMA 13
ARP273 78
EBLM J0555-57Ab 62
NGC4449 75
VLT 13
X선 8, 14, 71

가니메데 30
가시광선 8, 12~14
갈릴레오 갈릴레이 10, 13, 30
갈색왜성 63
감마선 8, 14
게성운 68
게자리 55e 42
골디락스 행성 42
광구 46
광년 5
국부은하군 3, 5
국제 우주 정거장 24
국제 천문 연맹(IAU) 56, 58
규소 86
금성 18, 22~23, 30, 50~51, 54

나사 14, 38
나선팔 74~76
남십자성자리 58
뉴호라이즌스 탐사선 38
니켈 20, 24
닐 암스트롱 26

다이아몬드 36, 68
달 10, 12~14, 26, 48
대류권 24
대백반 32
대소멸 90
대적점 30
대한파 90
대함몰 90
대흑점 36
데이모스 29
돈 탐사선 38

라니아케아 2, 5
라디오파 8, 13
리튬 86
릭 망원경 10

마이크로파 8
마케마케 38
마트몬스 23
망원경 1, 10~14, 22, 30~36, 42, 58, 71, 75~76, 80, 88
맨틀 20, 24, 36
메시에83 75
메신저 탐사선 20
메탄 33, 34, 36, 42
명왕성 18, 38
목성 10, 18, 30~42, 54
무지개 8
물병자리 58
미란다 34
미행성 64

바다뱀자리 58, 75
박테리아 29
백색왜성 63, 66, 68
백조자리 NML 62
버즈 올드린 26
별자리 55~59
보석상자성단 58
복사선 62
북극성 56
분광기 12
불규칙은하 74~75

블랙홀 1, 14, 66~71, 74, 78, 90
빅립 90
빅뱅 80, 84, 86~90

산소 24, 28, 42, 86
산화철 28
상대성 이론 84
성운 64~68, 78
성층권 24
세레스 38
센타우루스자리 58, 75
센타우루스알파 58
소행성 1, 28, 34, 38, 40, 41
수성 18~21, 50~51, 54
수소 20, 30, 32, 34, 36, 46, 50, 51, 64, 66
스피처 우주 망원경 14
시리우스 58
시선속도법 42
쌍성 71

아리스토텔레스 84
아이작 뉴턴 84
알베르트 아인슈타인 84
암모니아 30, 32, 36
암흑 물질 76, 80, 88, 90
암흑 에너지 86, 88, 90
애니 점프 캐논 62
에드윈 허블 84
에리스 38, 51
에타 카리나 58
열에너지 32
열권 24
오로라 48
오르트 구름 40~41
오리온베타 56
오리온성운 64
오리온자리 56
오존 24, 42

올림푸스몬스 29
왜성 62~63
왜소행성 38, 51
외기권 24
용골자리 58
용암 20, 23, 26, 42
우리은하 5, 12, 42, 64, 74~78
우주 배경 복사 87
우주학 84
운석 41
원시별 63, 64, 66
원자 5, 20, 28, 46, 48, 80, 86, 87, 90
위성 10, 14, 18, 20, 29~40
윌리엄 허셜 10, 34
유로파 30
유성 24, 28, 41
유성우 55
유진 서난 26
은하 1, 5, 10, 74~90
은하단 5, 14, 80, 88
이산화탄소 22
이오 30
이온 41
일식 46, 48

자기권 48
자기장 20, 24, 30, 46, 48, 68
자외선 8, 14, 34, 41, 75, 76
장미은하 78
쟁기 56
적색거성 50-51, 66, 67
적색초거성 63
적외선 8, 13, 14
전기 48
전자 87
전자기파 8, 14,
전자기스펙트럼 8, 14
제임스 릭 10
제임스 웹 우주 망원경 14

조르주 르메트르 84
중간권 24
중력 18, 26, 28, 33, 38, 40~42, 46, 50, 64~80, 84~90
중력파 71
중성자 68, 86
중성자별 66, 68
지구 24
지구 중심설 84
지구형 행성 18, 28, 42
지진 24
지질 구조판 24
질소 33, 36, 38

찬드라 X선 관측선 14
채층 46
처녀자리 초은하단 3, 5
천왕성 18, 34, 36
철 20, 24, 28
청색초거성 63
초신성 66~70, 88
초은하단 3, 5, 80

카노푸스 58
카이퍼 대 38, 40
칼리스토 30
켁 관측소 13
코로나 46, 48
코마 40
코페르니쿠스 84
콤프톤 감마선 관측선 14
큰곰자리 56

타원은하 74~75
타이탄 33
탄소 68, 86
태양 46~51

태양계 2, 5, 17~43, 87
태양 주기 48
태양 중심설 84
태양풍 20, 26, 40, 41, 48
토성 10, 18, 32~33, 34, 42, 54, 62
트리톤 36

파장 8
팽대부 74, 76
페르미 감마선 우주 망원경 14
포보스 29
프톨레마이오스 84
플라스마 48
플라톤 84
플레어 46, 48

하우메아 38
해리슨 슈미트 26
해왕성 5, 18, 36, 38, 42
핵융합 46, 50, 64, 66
행성 고리 30, 32~35
허블 우주 망원경 14, 36, 80
헤일로 74, 76
헬륨 14, 20, 30~36, 46, 50, 64, 66, 86
혜성 20, 24, 34, 40~41
화산 18, 20, 23~30
화성 18, 26, 28~29, 38, 40, 54
황 30
황산 22
황색왜성 63
흑색왜성 68
흑점 46, 48

우주 박물관의 큐레이터들

이 책을 쓴 라만 프린자는 런던 대학교의 천체물리학 교수입니다. 거성과 별의 탄생, 은하의 진화 등을 연구했습니다. 천문학의 주제들을 독자들에게 전달하는 데 탁월하며, 천문학에 관한 여러 권의 책을 썼습니다. 그중 〈밤하늘 관찰자 Night Sky Watcher〉는 2015년 Royal Society Young People's Book Prize를 수상했습니다.

이 책의 그림을 그린 크리스 워멜은 독학으로 그림을 배운 저명한 판화가입니다. 주로 목판화와 라이노컷 기법을 이용하여 유행을 타지 않는 그림을 그립니다. 많은 어린이 책을 쓰고 그렸으며, 최근 베스트셀러 〈메이블 이야기 H is for Hawk〉의 표지 그림을 그렸습니다.

옮긴이 당연증은 서울대학교 식물학과를 졸업했으며, 민음사 사이언스북스 편집장을 역임했습니다.

세상에서 가장 멋진
우주 박물관
라만 프린자 글 | 크리스 워멜 그림 | 당연증 옮김

1판 1쇄 펴낸날 2019년 5월 30일 | 펴낸곳 (주)베틀북 | 펴낸이 강경태
편집 민점호 박정민 김상미 | 디자인 박성준 | 등록번호 제16-1516호
주소 서울시 강남구 테헤란로84길 12 (우)06178 | 전화 (02)2192-2300 | 홈페이지 www.betterbooks.co.kr

Planetarium
First published in the UK in 2018 by Big Picture Press, an imprint of Bonnier Books UK,
The Plaza, 535 King's Road, London, SW10 0SZ
www.templarco.co.uk/big-picture-press
www.bonnierbooks.co.uk

Illustration copyright © 2018 by Chris Wormell
Text copyright © 2018 by Raman Prinja
Design copyright © 2018 by Big Picture Press
All rights reserved
Edited by Ruth Symons
Designed by Kieran Hood
This Korean edition published by arrangement with Bonnier Books UK through AMO Agency, Seoul, Korea

이 책의 한국어판 저작권은 AMO 에이전시를 통해 저작권자와 독점 계약한 베틀북에 있습니다.
신 저작권법에 의해 한국 내에서 보호를 받는 저작물이므로 무단전재와 무단복제를 금합니다.
ISBN 978-89-8488-950-7 73440

이 도서의 국립중앙도서관 출판시도서목록(CIP)은 서지정보유통지원시스템 홈페이지(http://seoji.nl.go.kr)와
국가자료공동목록시스템(http://www.nl.go.kr/kolisnet)에서 이용하실 수 있습니다. (CIP제어번호: CIP2019005134)